B1.2

Susanne Kalender
unter Mitarbeit von
Angela Pude

MENSCHEN

Deutsch als Fremdsprache
Lehrerhandbuch

Hueber Verlag

Quellenverzeichnis:
Cover © Getty Images/Image Source

Autorin der Tests zu den Modulen:
Andrea Haubfleisch, Frankfurt am Main

4.   3.   2.   Die letzten Ziffern
2020   19   18   17   16   bezeichnen Zahl und Jahr des Druckes.
Alle Drucke dieser Auflage können, da unverändert,
nebeneinander benutzt werden.
1. Auflage
© 2015 Hueber Verlag GmbH & Co. KG, München, Deutschland
Umschlaggestaltung: Sieveking · Agentur für Kommunikation, München und Berlin
Zeichnungen: Hueber Verlag/Michael Mantel
Layout und Satz: Sieveking · Agentur für Kommunikation, München und Berlin
Verlagsredaktion: Daniela Niebisch, Penzberg
Druck und Bindung: Kessler Druck + Medien GmbH & Co. KG, Bobingen
Printed in Germany
ISBN 978–3–19–671903–1

Art. 530_03030_001_02

INHALT

1 Konzeption des Lehrwerks

1.1 Rahmenbedingungen

Menschen ist ein handlungsorientiertes Lehrwerk für Anfänger. Es führt Lernende ohne Vorkenntnisse in drei bzw. sechs Bänden zu den Sprachniveaus A1, A2 und B1 des Gemeinsamen Europäischen Referenzrahmens und bereitet auf die gängigen Prüfungen der jeweiligen Sprachniveaus vor:

	dreibändige Ausgabe	*sechsbändige Ausgabe*
Niveau A1	Menschen A1	Menschen A1.1 + A1.2
Niveau A2	Menschen A2	Menschen A2.1 + A2.2
Niveau B1	Menschen B1	Menschen B1.1 + B1.2

Menschen geht bei seiner Themenauswahl von den Vorgaben des Gemeinsamen Europäischen Referenzrahmens aus und greift zusätzlich Inhalte aus dem aktuellen Leben in Deutschland, Österreich und der Schweiz auf.

Die Prüfungsinhalte und -formate der gängigen Prüfungen finden in *Menschen* sowohl im Kursbuch als auch im Arbeitsbuch Berücksichtigung.

1.2 Bestandteile des Lehrwerks

Menschen bietet ein umfangreiches Angebot an Materialien und Medien, die aufeinander abgestimmt und eng miteinander verzahnt sind:

- ein Kursbuch mit integrierter DVD-ROM (mit interaktiven Übungen zum selbstständigen Weiterlernen)
- ein Arbeitsbuch mit integrierter Audio-CD
- ein Medienpaket mit den Audio-CDs zum Kursbuch und einer DVD mit Filmen für den Einsatz im Unterricht
- ein Lehrerhandbuch
- Materialien für Beamer und interaktive Whiteboards
- einen Moodle-Kursraum
- Glossare zu verschiedenen Ausgangssprachen
- Materialien zur Prüfungsvorbereitung
- einen Internetservice mit zahlreichen ergänzenden Materialien für Lehrende und Lernende

Ein übersichtliches Verweissystem verzahnt die Materialien miteinander und sorgt so für eine hohe Transparenz bei Kursleitenden und Teilnehmenden. Die Materialien sind flexibel einsetzbar und ermöglichen ein effizientes, auf die Bedürfnisse der einzelnen Teilnehmer zugeschnittenes Lernen bei gleichzeitig geringem Aufwand für die Kursleitenden.

1.3 Aufbau

1.3.1 Das Kursbuch

Aufbau der drei- und der sechsbändigen Ausgabe

Dreibändige Ausgabe: Jeder Band beinhaltet 24 kurze Lektionen, die in acht Modulen mit je drei Lektionen zusammengefasst sind.

Sechsbändige Ausgabe: Jeder Teilband beinhaltet 12 kurze Lektionen, die in vier Modulen mit je drei Lektionen zusammengefasst sind.

Aufbau eines Moduls

Jedes Modul besteht aus drei Lektionen. Vier zusätzliche Seiten (*Lesemagazin*, *Film-Stationen*, *Projekt Landeskunde* und *Ausklang*) runden jedes Modul ab und wiederholen den Stoff der vorangegangenen Lektionen.

Aufbau einer Lektion

Die Kursbuchlektionen umfassen je vier Seiten und folgen einem transparenten, wiederkehrenden Aufbau:

Einstiegsseite

Der Einstieg in jede Lektion erfolgt durch ein interessantes Foto, das meist mit einem Hörtext kombiniert wird und in die Thematik der Lektion einführt. Dazu gibt es erste Aufgaben, die immer auch an die Lebenswelt der TN anknüpfen. Die Einstiegssituation wird auf der folgenden Doppelseite wieder aufgegriffen und vertieft. Auf der Einstiegsseite befindet sich außerdem ein Kasten mit den Lernzielen der Lektion. Ideen für die Einsatzmöglichkeiten der Einstiegsseite im Unterricht finden Sie im Kapitel „Praktische Tipps" (Seite 8).

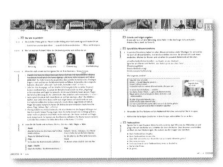

Doppelseite mit Einführung der neuen Strukturen und Redemittel

Ausgehend von der Einstiegssituation werden auf der Doppelseite die neuen Wortfelder, die Strukturen und die Redemittel der Lektion mithilfe von Hör- und Lesetexten eingeführt und geübt. Das neue Wortfeld der Lektion wird in der Kopfzeile prominent und gut memorierbar als „Bildlexikon" präsentiert. Übersichtliche Grammatik-, Redemittel- und Infokästen machen den neuen Stoff bewusst. In den folgenden Aufgaben werden die Strukturen und Redemittel zunächst meist in gelenkter, dann in freierer Form geübt. In die Doppelseite sind zudem Übungen eingebettet, die sich im Anhang auf den „Aktionsseiten" befinden. Diese Aufgaben ermöglichen echte Kommunikation im Kursraum und bieten authentische Sprech- und Schreibanlässe. Vorschläge für die Einsatzmöglichkeiten der Aktionsseiten im Unterricht finden Sie im Kapitel „Praktische Tipps" (Seite 8).

Abschlussseite

Auf der vierten Seite jeder Lektion ist eine Aufgabe zum Sprechtraining, Schreibtraining oder zu einem Mini-Projekt zu finden, die den Stoff der Lektion nochmals aufgreift. Als Schlusspunkt jeder Lektion werden hier die neuen Strukturen und Redemittel systematisch zusammengefasst und transparent dargestellt. Ideen für die Einsatzmöglichkeiten der Grammatik- und Redemittelübersichten im Unterricht finden Sie im Kapitel „Praktische Tipps" (Seite 8).

Aufbau der Modul-Plus-Seiten

Vier zusätzliche Seiten runden jedes Modul ab und bieten weitere interessante Informationen und Impulse, die den Stoff des Moduls unter Einsatz unterschiedlicher Medien und über verschiedene Lernkanäle verarbeiten und wiederholen lassen:

Lesemagazin:	Eine Magazinseite mit vielfältigen Lesetexten (z.B. Blogs, Webseiten, Zeitschriften- und Zeitungstexte, Briefe, Reiseführer und vieles mehr) und dazu passenden Aufgaben.
Film-Stationen:	Fotos und Aufgaben zu den Filmsequenzen der *Menschen*-DVD.
Projekt Landeskunde:	Ein informativer Hintergrundtext mit Anregungen für ein Projekt. Hier liegt der Schwerpunkt auf handlungsorientiertem Lernen, das zu echter Kommunikation führt.
Ausklang:	Ein Lied mit Anregungen für einen kreativen Einsatz im Unterricht.

Ideen für die Einsatzmöglichkeiten der Modul-Plus-Seiten im Unterricht finden Sie im Kapitel „Praktische Tipps" (Seite 8).

Aufbau und Inhalte der DVD-ROM

Die integrierte DVD-ROM bietet individuelle Erweiterungs- und Vertiefungsaufgaben sowie Memorierungsübungen für das selbstständige, zusätzliche Arbeiten zu Hause. Die unterschiedlichen Inhalte und Übungsformen bieten Differenzierungsmöglichkeiten für verschiedene Teilnehmerprofile. Mithilfe der transparenten Verweise im Kursbuch können die Teilnehmenden selbst entscheiden, ob und wann sie welche Aufgaben und Übungen auf der DVD-ROM bearbeiten möchten.

Folgende Verweise im Kursbuch führen zur DVD-ROM:

interessant?	… führt zu einem Lese- oder Hörtext (mit Didaktisierung) oder zu Zusatzinformationen, die das Thema aufgreifen und aus einem anderen Blickwinkel betrachten
noch einmal?	… hier kann man den Kursbuch-Hörtext noch einmal hören und alternative Aufgaben dazu lösen
Spiel & Spaß	… führt zu einer kreativen, spielerischen Aufgabe zu den neuen Strukturen, den Redemitteln oder dem neuen Wortschatz
Beruf	… erweitert oder ergänzt das Thema um einen beruflichen Aspekt
Diktat	… führt zu einem kurzen interaktiven Diktat
Audiotraining	… Automatisierungsübungen für zu Hause und unterwegs zu den Redemitteln und Strukturen
Karaoke	… interaktive Übungen zum Nachsprechen und Mitlesen

Das Material der DVD-ROM kann auch als Zusatzmaterial im Unterricht eingesetzt werden. Dafür bieten sich besonders das Audiotraining, die Karaoke-Übungen und die Filme an. Je nach Interessen der Lernenden können auch die Aufgaben zu den Berufs- und den Interessant-Verweisen gemeinsam im Kurs bearbeitet werden.

Die DVD-ROM-Inhalte stehen auch im Lehrwerkservice unter www.hueber.de/menschen/lernen zur Verfügung. Dieser Bereich ist passwortgeschützt, den Zugangscode finden Sie im Kursbuch auf Seite 2.

1.3.2 Das Arbeitsbuch

Das separate Arbeitsbuch bietet im Basistraining vielfältige Übungen zu den Kursbuchaufgaben – als Hausaufgabe oder für die Still- und Partnerarbeit im Kurs. Darüber hinaus enthält das Arbeitsbuch Übungen zur Phonetik, eine Übersicht des Lernwortschatzes jeder Lektion und ein Fertigkeitentraining, das auf die Prüfungen vorbereitet. Zudem bietet es Lernstrategien und Lerntipps sowie zahlreiche Wiederholungsübungen und Tests. Alle Hörtexte des Arbeitsbuchs finden Sie auf der im Arbeitsbuch integrierten Audio-CD. Für den Einsatz in Zuwandererkursen gibt es eine gesonderte Arbeitsbuchausgabe: *Menschen hier*.

Die Lösungen zu allen Aufgaben im Arbeitsbuch finden Sie im Internet unter www.hueber.de/menschen bzw. www.hueber.de/menschen-hier (für die Arbeitsbuchausgabe *Menschen hier*). Die Lösungen zu den Selbsttests finden die Teilnehmenden zur Selbstkontrolle im Anhang des Arbeitsbuchs.

2 Praktische Tipps für den Unterricht

2.1 Die Arbeit mit den Einstiegsseiten

Aufgaben und Tipps zur Arbeit mit den Einstiegsseiten:

Hypothesen bilden

Die TN sehen sich das Foto an und spekulieren darüber, was hier passiert. (Wer? Wo? Was? Wann? Wie? Warum?). Verweisen Sie die TN ggf. auch auf den Titel der jeweiligen Lektion. So können Sie neuen Wortschatz vorentlasten bzw. bekannten Wortschatz aktivieren.

Assoziationen sammeln

Die TN sammeln Wörter, Situationen oder Redemittel, die ihnen zu dem Foto und/oder dem Hörtext einfallen. Der Fantasie der TN sind dabei keine Grenzen gesetzt.

Geschichten erzählen

Die TN arbeiten in Gruppen und erzählen – mündlich oder schriftlich – eine Geschichte zu dem Bild. Sie können sich gemeinsam auf eine Geschichte einigen oder eine Geschichte abwechselnd weitererzählen.

Rollenspiele

Im Anschluss an die Einstiegsaufgaben schreiben die TN ein zu dem Foto oder zu dem Hörtext passendes Rollenspiel und spielen es im Kurs vor.

Wortschatzarbeit

Nutzen Sie die Einstiegsseiten auch für die Wortschatzarbeit. Die TN suchen in Gruppen- oder Partnerarbeit passenden Wortschatz zum Thema, auch im Wörterbuch. Auf der Niveaustufe B1 können die TN passenden Wortschatz wiederholen. Verweisen Sie die TN auf die Lernziele und die dort genannten Wortfelder sowie auf das Bildlexikon.

Bezug zur eigenen Lebenswelt

Bevor sie auf der folgenden Doppelseite weiterarbeiten, verknüpfen die TN die Situation auf der Einstiegsseite mit ihrer eigenen Lebenswelt. Sie bewerten die Situation, äußern ihre eigene Meinung oder erzählen von eigenen Erfahrungen, soweit sprachlich möglich. In sprachhomogenen Lerngruppen bietet sich ggf. die Nutzung der gemeinsamen Muttersprache an, um einen emotionalen, teilnehmerorientierten Einstieg in die Geschichte bzw. die Lektion zu gewährleisten und so den Lernerfolg zu steigern.

2.2 Die Arbeit mit den Aktionsseiten

Auf den Aktionsseiten werden die Redemittel und/oder die neuen Strukturen der Lektion in Partner- oder Gruppenarbeit angewendet. Sie finden hier Wechsel- und Rollenspiele sowie spielerische Aktivitäten mit dem Ziel echter Kommunikation im Kursraum.

Die Aufgaben variieren von sehr gelenkten Aufgaben, in denen der neu eingeführte Stoff erstmalig angewendet wird, bis hin zu sehr freien Aktivitäten, in denen es in erster Linie um die selbstständige Kommunikation geht. Vermeiden Sie bei den freien Aktivitäten Korrekturen. Sammeln Sie stattdessen während dieser Arbeitsphasen typische Fehler der TN, um sie nach Beendigung der Gruppen- bzw. Partnerarbeit im Plenum bewusst zu machen und zu korrigieren.

Hinweise und Tipps, mit denen Sie bei Bedarf das freie Sprechen vorbereiten und erleichtern können:

- Die TN nutzen als Hilfe die Übersichtsseiten mit den Redemitteln.
- Schreiben Sie die relevanten Redemittel an die Tafel, auf eine Folie oder ein Plakat.
- Schreiben Sie zusammen mit den TN ein Beispielgespräch an die Tafel. Entfernen Sie im Laufe der Aktivität nach und nach einzelne Passagen, bis die TN den Dialog ganz frei sprechen.
- Die TN schreiben einen Musterdialog auf ein Plakat und markieren die relevanten Redemittel farbig. Die Plakate werden anschließend im Kursraum aufgehängt.
- Die TN bereiten Karten mit den wichtigsten Redemitteln vor und nutzen die Karten zur Unterstützung beim Sprechen. Jede verwendete Karte wird umgedreht und die TN sprechen so lange, bis alle Karten umgedreht sind.
- Die TN schreiben zunächst gemeinsam einen Dialog, korrigieren ihn gemeinsam, lernen ihn dann auswendig und spielen ihn anschließend frei nach.
- Die TN machen sich vor der Aktivität Notizen und üben halblaut.
- Nutzen Sie das Audiotraining auf der integrierten DVD-ROM zum Automatisieren, bevor die TN die Redemittel frei anwenden. Die TN bewegen sich im Kursraum und sprechen die Redemittel nach.

2.3 Die Arbeit mit den Grammatik- und Redemittelübersichten

Mit den Übersichten zu Grammatik und Kommunikation können die TN sowohl direkt im Anschluss an die Lektion als auch später zur Wiederholung arbeiten:

- Erstellen Sie Lückentexte aus den Übersichtsseiten. Die TN ergänzen in Partnerarbeit die Lücken und vergleichen anschließend mit dem Original.
- Erstellen Sie ein Satzpuzzle aus den Redemitteln einer oder mehrerer Lektionen. Die TN sortieren die Redemittel.
- Die TN schreiben kurze Gespräche mithilfe der Redemittel.
- Sofern die Sprachkenntnisse es schon zulassen, erweitern die TN die Redemittel um eigene Beispiele.
- Die TN erarbeiten ihre eigenen Übersichten. Sie sammeln die wichtigen Redemittel und Grammatikthemen der Lektion und vergleichen ihr Resultat anschließend mit der Übersichtsseite. Die Ergebnisse können die TN im Portfolio aufbewahren.
- Die TN ergänzen die Grammatikzusammenfassungen um eigene Satzbeispiele.
- Ein TN liest die Überschrift der Redemittelkategorie und dann das erste Wort des ersten Eintrags vor. Der TN links versucht, das zweite Wort zu erraten. Wenn falsch geraten wird, liest die Vorleserin / der Vorleser das erste und das zweite Wort vor und der nächste TN versucht, das dritte Wort zu erraten. Wenn ein TN das Wort richtig errät, liest der vorlesende TN den ganzen Satz. Der TN, der das Wort richtig erraten hat, wird der nächste Vorleser.

- Nutzen Sie das Audiotraining und die Karaoke-Übungen auf der eingelegten Kursbuch-DVD-ROM auch im Unterricht. Die TN sprechen nach und bewegen sich dabei frei im Kursraum.
- Die TN nutzen bei Bedarf die Übersichtsseiten als Hilfsmittel bei den kommunikativen Aufgaben.

2.4 Die Arbeit mit den Modul-Plus-Seiten

2.4.1 Das Lesemagazin

Aufgaben und Tipps zur Arbeit mit den Lesetexten:

- Nutzen Sie Bilder und Überschriften, um Erwartungen an den Text zu wecken und das Vorwissen der TN zu aktivieren.
- Verweisen Sie auf Fremdwörter und Wörter mit Ähnlichkeiten in anderen Sprachen. Diese können beim Textverständnis helfen.
- Stellen Sie W-Fragen zum Text (Wer? Was? Wann? Wo? Wie? Warum?).
- Die TN erarbeiten die wichtigsten Textsortenmerkmale.
- Die TN erstellen Aufgaben füreinander, beispielsweise Richtig-/Falsch-Aufgaben, Fragen zum Text, Lückentexte (mit und ohne Schüttelkasten) o. Ä.
- Erstellen Sie ein Textpuzzle aus dem Text, das die TN sortieren.
- Die TN formulieren zu jedem Textabschnitt eine Überschrift (bei Texten in der dritten Person) bzw. eine Frage (bei Texten in der ersten Person).
- Die TN formulieren die Texte um (von der ersten Person in die dritte Person bzw. umgekehrt, vom Präsens in die Vergangenheit bzw. umgekehrt, vom Aktiv ins Passiv etc.)
- Die TN schreiben eine Zusammenfassung des Textes.
- Wortschatzarbeit: Die TN suchen wichtige Wörter aus dem Text und sortieren sie nach Wortfeldern.

2.4.2 Die Film-Stationen

Aufgaben und Tipps zur Arbeit mit den Filmen:

- Nutzen Sie die Fotos und die Filmüberschriften, um Erwartungen an die Filme zu wecken und das Vorwissen der TN zu aktivieren.
- Stellen Sie W-Fragen zum Film (Wer? Was? Wann? Wo? Wie? Warum?).
- Die TN erstellen Aufgaben füreinander, beispielsweise Richtig-/Falsch-Aufgaben, Fragen zum Film, Zuordnungsaufgaben etc.
- Die TN erzählen den Film – mündlich oder schriftlich – nach.
- Die TN spielen die Filmszenen pantomimisch nach.
- Die TN schreiben und spielen Rollenspiele zu dem Film.
- Die TN nutzen die Filmvorlage für entsprechende eigene Filme. Sie können dabei z.B. ihre Smartphones verwenden. Anschließend stellen die TN ihre Filme auf die Lernplattform oder zeigen sie im Kurs.
- Nutzen Sie die Filme als Anregung, um Projekte innerhalb und außerhalb des Klassenraums durchzuführen.

2.4.3 Das Projekt Landeskunde

Tipps und Hinweise zur Arbeit mit den Projekten:

- Bereiten Sie die Projekte zusammen mit den TN gut vor. Wiederholen bzw. erarbeiten Sie mit den TN die benötigten Redemittel.
- Sammeln Sie mit den TN Ideen, in welcher Form sie ihre Ergebnisse veranschaulichen wollen (Plakate, Collagen, Folien, Dateien, Filme, Tonaufnahmen etc.)
- Weisen Sie die TN ggf. auch auf vorhandene Textvorlagen und Textbeispiele hin.
- Wenn Sie im Präsenzunterricht nicht genügend Zeit haben, können Sie die Projekte auch als Hausaufgabe bearbeiten lassen.
- Die TN präsentieren ihre Ergebnisse im Kurs. Bei der Verwendung von neuem Wortschatz wird dieser den anderen TN vor Beginn der Präsentation an der Tafel vorgestellt. Die Gruppen sollten am Ende ihrer Präsentation Raum für Fragen und Kommentare der anderen TN einplanen.
- Die TN sammeln die Ergebnisse der Projekte ggf. in Ordnern oder stellen sie auf die Lernplattform.

In Verbindung mit den Projekten schreiben die TN häufig Texte. Die einführenden Lesetexte dienen dabei in der Regel als Muster für die eigene Textproduktion. Das Schreiben ist eine komplexe Tätigkeit. Trainieren Sie daher mit den TN die unterschiedlichen Aspekte des Schreibprozesses:

- Die TN sammeln Ideen und notieren dabei zunächst nur Stichwörter (z.B. als Mindmap).
- Die TN sortieren ihre Ideen. In welcher Reihenfolge wollen sie auf die Aspekte eingehen?
- Vor dem Schreiben überlegen die TN, welche Textsortenmerkmale für den jeweiligen Text zu beachten sind.
- Die TN korrigieren ihren Entwurf. Dabei sollten sie den Text mehrmals mit jeweils unterschiedlichem Fokus lesen. Auf der Niveaustufe B1 sind beispielsweise folgende Fragestellungen relevant: inhaltlicher Fokus, Textaufbau und Kohärenz, stilistische Angemessenheit, Korrektheit, Wortstellung.

2.4.4 Der Ausklang

Auf diesen Seiten haben die TN die Möglichkeit, mit Musik und Bewegung zu lernen. Je begeisterter Sie selbst mit- und vormachen, desto eher werden die TN bereit sein, mitzumachen und sich auf diese Art des Lernens einzulassen.

Aufgaben und Tipps für den Umgang mit Liedern und Musik:

- Wenn Ihr Kurs daran Spaß hat, dann machen Sie das Singen zu einem Ritual: Singen Sie immer am Anfang und/oder Ende einer Stunde gemeinsam. Fordern Sie die TN auf, auch selbst deutsche Lieder mit in den Kurs zu bringen.
- Singen Sie zu vorhandenen Musikaufnahmen. Das vermindert die Hemmungen bei den TN.
- Zeigen Sie Videos zu den Musikaufnahmen aus dem Internet.
- Die TN klatschen oder trommeln den Rhythmus der Lieder mit oder bewegen sich zu den Liedern im Raum.
- Jeder TN bekommt einen Liedausschnitt und hält ihn hoch, wenn dieser gespielt wird. Beim zweiten Hören stellen die TN sich in die richtige Reihenfolge. Beim dritten Hören wird mitgesummt.

- Erstellen Sie Liedpuzzle, die die TN in Gruppenarbeit sortieren.
- Erstellen Sie Lückentexte aus Liedtexten, die die TN ergänzen.
- Die TN spielen ein Lied pantomimisch nach.
- Die TN hören Musik und schließen die Augen. Sprechen Sie anschließend über die Assoziationen und/oder inneren Bilder der TN. Das können Sie sowohl ganz frei als auch unter Vorgabe bestimmter Themen machen, z.B.: An welches Wetter denken Sie? Wo sind sie? Was machen Sie?

2.5 Förderung unterschiedlicher Lerntypen

2.5.1 Aktivitäten mit Bewegung

Aktivitäten, bei denen sich die TN im Kursraum bewegen dürfen, sind nicht nur etwas für Lerntypen, die auf diese Weise den Lernstoff besser verarbeiten und erinnern. Generell lässt sich sagen: Je mehr Kanäle angesprochen werden, desto besser werden Wörter und Strukturen behalten. Bewegung ist besonders in Intensivkursen empfehlenswert, damit die TN mal wieder etwas Sauerstoff tanken und sich wieder besser konzentrieren können. Hier ein paar Vorschläge:

- Die TN „tanzen" neue Grammatikphänomene. Schon mit einfachen Tanzschritten (Schritt nach vorn, nach hinten, nach rechts bzw. nach links) können Sie alle Grammatikthemen mit bis zu vier Auswahlmöglichkeiten abbilden. Beispielsweise die Genuswahl: maskulin = Schritt vor, neutral = Schritt zurück und feminin = Schritt nach rechts.
- Die TN bewegen sich frei im Kursraum und klatschen oder trommeln Betonungsmuster von Wörtern und kommunikativen Redemitteln.
- Die TN bewegen sich frei im Kursraum und sprechen die Redemittel des Audiotrainings nach.
- Arbeiten Sie mit Bällen oder Tüchern. Dies bietet sich insbesondere im Anfängerunterricht an, in dem sich die Kommunikation auf kurze Sequenzen mit Fragen und Antworten beschränkt.
- Lassen Sie die TN Rollenspiele nicht nur sprechen, sondern auch darstellen. Dafür müssen die TN in der Regel aufstehen!
- Aktivierung von Vorwissen: Die TN bilden zwei Gruppen, laufen abwechselnd an die Tafel und notieren um die Wette bekannten Wortschatz.
- Die TN stellen sich nach bestimmten Kriterien in eine Reihe (z.B. nach dem Geburtsdatum oder dem Alphabet).
- Gelebte Anweisungen: Die TN geben sich gegenseitig Anweisungen und führen diese aus.
- Lebendige Sätze: Jeder TN bekommt eine Karte und stellt sich an die richtige Position im Satz.
- Konjugationsübung: Legen Sie Karten mit den Personalpronomen auf den Boden. Die TN laufen die Karten ab und konjugieren dabei verschiedene Verben.

2.5.2 Weitere Aktivitäten für unterschiedliche Lerntypen

Auch folgende Aktivitäten berücksichtigen die Vorlieben unterschiedlicher Lerntypen besonders gut:

- Die TN stellen einen Satz pantomimisch dar. Die anderen TN erraten und rekonstruieren den Satz Wort für Wort.
- Die TN einigen sich auf ein System akustischer Signale, mit denen sie Satzzeichen in einem Text ergänzen können. Jeder TN bekommt ein Satzzeichen zugeordnet. Ein TN liest einen Text vor und die anderen geben an den entsprechenden Stellen das jeweilige akustische Signal oder Zeichen.

- Die TN schließen beim Hören eines Textes oder Dialoges die Augen und stellen sich die Situation bildlich vor. Anschließend beschreiben sie sich gegenseitig ihre mentalen Bilder.
- Vereinbaren Sie mit den TN Bewegungen und/oder Signale für bestimmte grammatikalische Phänomene. Sie und die TN können diese dann z.B. auch bei der Fehlerkorrektur bzw. der Bewusstmachung von Fehlern nutzen (Beispiel: Scherenbewegung für trennbare Verben).
- Nutzen Sie Farben für bestimmte grammatische Phänomene. Verwenden Sie z.B. die Farben aus dem Bildlexikon für Genus und Numerus. Vereinbaren Sie mit den TN auch Farben für die Verwendung der Kasus.
- Verwenden Sie Sprachrätsel im Unterricht. Lassen Sie die TN eigene Sprachrätsel erstellen: Die TN zeichnen z.B. einen oder mehrere Teile von zusammengesetzten Wörtern, die anderen erraten das Wort.
- Lassen Sie die TN Texte und Gespräche auswendig lernen: Hängen Sie ein paar Kopien des Textes an die Wand. Die TN prägen sich den Text ein und gehen dann langsam durch das Klassenzimmer und murmeln den Text leise vor sich hin. Wenn sie sich an einzelne Abschnitte nicht erinnern können, gehen sie zurück zu den Kopien und prägen sich den entsprechenden Abschnitt noch einmal ein.
- Aktivität zur Wiederholung: Die TN spielen (pantomimisch oder summend statt sprechend) oder musizieren einen Dialog aus *Menschen*. Die anderen TN erraten, welcher Dialog vorgespielt bzw. musiziert wird.
- Erstellen Sie einen Lückentext, in dem Silben und/oder Buchstaben fehlen. Die TN erraten die fehlenden Buchstaben bzw. Silben.
- Ein TN zeichnet die Umrisse eines Gegenstandes in der Luft. Die anderen TN erraten den Gegenstand.
- Schrittweise zeichnen: Ein TN zeichnet nach und nach einen Gegenstand. Die anderen TN erraten, um welchen Gegenstand es sich handelt.
- Ein TN zeichnet einen Gegenstand aus einer ungewöhnlichen Perspektive (z.B. eine Mütze von oben). Die anderen TN erraten, um was es sich handelt.

2.6 Wortschatz

Zahlreiche der folgenden Vorschläge eignen sich für kurze Einstiegsaufgaben am Anfang bzw. kurze Wiederholungsübungen am Ende einer Stunde oder für die Auflockerung zwischendurch.

Aufgaben und Tipps für Wortschatzübungen:

- Führen Sie im Kurs einen gemeinsamen Vokabelkasten. Die TN versehen die Vokabelkärtchen mit Zeichnungen und Beispielsätzen.
- Die TN sortieren/sammeln Wortschatz nach Wortfeldern oder zu vorgegebenen Kriterien und bewahren ihre Sammlungen im Portfolio auf.
- Ermuntern Sie die TN, sich Wortschatzparallelen und -unterschiede zu anderen ihnen bekannten Sprachen bewusst zu machen.
- Die TN sammeln Assoziationen zu bestimmten Wörtern, Themen oder Situationen.
- Die TN sammeln Wortschatz zu abstrakten Bildern.
- Geben Sie ein langes Wort vor. Die TN finden in Gruppenarbeit andere Wörter, die sich aus den Buchstaben des vorgegebenen Wortes bilden lassen.
- Umschreiben Sie Wörter. Die TN raten das passende Wort.
- Die TN bilden Wortketten: Ich packe meinen Koffer. Oder: Endbuchstabe eines Wortes = neuer Anfangsbuchstabe.

- Die TN erstellen Wortschatzübungen füreinander: Welches Wort passt nicht in die Reihe? Kreuzworträtsel, Silbenrätsel, Memo-Spiele, Buchstabensalate etc. (vgl. hierzu auch die Kategorie „Aufgaben füreinander" im Arbeitsbuch).
- Erstellen Sie eine Folie des Lernwortschatzes. Geben Sie den TN eine Minute Zeit, die Wörter zu memorieren. Anschließend notieren die TN allein, in Partner- oder Kleingruppenarbeit alle Wörter, die sie behalten haben. Wer konnte die meisten Wörter mit richtiger Rechtschreibung behalten?
- Die TN tauschen Eselsbrücken aus, die ihnen helfen, Wörter zu memorieren.
- Wortschatz raten: Die TN erzählen, was man mit dem zu erratenden Ding machen kann. Diese Übung macht am meisten Spaß, wenn die TN auch fantasievolle und untypische Dinge nennen.
- Wortschatzwettspiel: Die TN notieren einzeln, in Partner- oder in Gruppenarbeit Wortschatz zu bestimmten Themen: alles, was rot ist, alles, was die TN an Regen erinnert, etc.
- Lesen Sie bekannte Texte mit Wortschatzfehlern vor, ohne dass die Sätze sprachlich falsch werden. Die TN geben ein Zeichen, sobald sie einen Fehler erkennen.
- Lesen Sie einen Text vor und machen Sie jeweils vor einem Schlüsselwort eine Pause. Die TN notieren das fehlende Wort.

2.7 Schreibtraining

Allgemeine Aufgaben und Tipps für ein Schreibtraining:

- Verweisen Sie die TN auf die Diktate auf der DVD-ROM.
- Lassen Sie die TN gemeinsam Texte schreiben.
- Die TN korrigieren sich gegenseitig und kommentieren ihre Texte. Achten Sie auch hier darauf, dass die Korrekturen jeweils einen bestimmten Fokus haben.
- Ermutigen Sie die TN, auch in ihrer Freizeit auf Deutsch zu schreiben. Sie können sich z.B. gegenseitig SMS und E-Mails schreiben.
- Die TN erstellen Textsammlungen oder veröffentlichen die Texte auf einer Lernplattform. Es ist motivierend, nicht nur für den Kursleitenden zu schreiben.
- Geben Sie den TN auch kreative Schreibanlässe: Lassen Sie die TN beispielsweise Gedichte und/oder Geschichten verfassen. Bieten Sie TN mit weniger Fantasie Bildergeschichten als Puzzle an: Die TN sortieren zunächst die Bilder und schreiben dann zu jedem Bild einen Satz.

2.8 Binnendifferenzierung

Tipps und Hinweise für die Binnendifferenzierung:

- 70%-Regel: Von zehn Aufgaben machen lernungewohnte TN nur sieben. Die restlichen drei können sie als Hausaufgabe machen.
- Begrenzen Sie den Zeitumfang für das Lösen von Aufgaben. Achten Sie dann beim gemeinsamen Vergleichen darauf, dass Sie mit den lernungewohnten TN anfangen.
- Schnelle TN notieren ihre Lösungen auf einer Folie oder an der Tafel.
- Schnelle TN erstellen zusätzliche Aufgaben füreinander.
- Die TN variieren den Umfang ihrer Sprachproduktion. Während sich beispielsweise lernungewohnte TN auf die Produktion neuer Verbformen konzentrieren, formulieren Lerngewohnte ganze Sätze.

- Reduzieren Sie die Vorgaben und Hilfestellungen für lerngewohnte TN. Entfernen Sie beispielsweise vorhandene Auswahlkästen.
- Setzen Sie lerngewohnte TN als Co-Lehrer ein. Sie helfen anderen TN oder bereiten den nächsten Arbeitsschritt vor, sodass Sie Zeit für einzelne TN haben.
- Ermuntern Sie die TN, die Zusatzübungen auf der integrierten Kursbuch-DVD-ROM nach Interesse zu wählen.
- Bieten Sie Wiederholungseinheiten zu unterschiedlichen Themen an, die die TN frei wählen können (beispielsweise zu den unterschiedlichen Fertigkeiten und Teilfertigkeiten oder zu unterschiedlichen Grammatikthemen).
- Lassen Sie die TN auf den Filmseiten ein Thema wählen, zu dem sie einen eigenen Film machen wollen.
- Zu einzelnen Aufgaben finden Sie in diesem Lehrerhandbuch Hinweise zu alternativen Aufgabenstellungen. Lassen Sie die TN die Aufgabenstellung selbst wählen.
- Die TN wählen selbst die Sozialform, in der sie Aufgaben lösen möchten. Achten Sie darauf, dass Sie entweder den zeitlichen Rahmen begrenzen oder zusätzliche Aufgaben für TN, die die Aufgabe in Einzelarbeit bearbeiten, bereithalten.
- Die TN wählen selbst, in welcher Form sie die neue Grammatik aufbereiten wollen: Kognitive TN erstellen Tabellen und formulieren einfache Regeln, kommunikative Lernende üben die Grammatik in gelenkten, kommunikativen Übungen, visuell orientierte TN erstellen Plakate und markieren die Phänomene in unterschiedlichen Farben.

2.9 Lernerautonomie

Aufgaben und Hinweise, um die Sprachbewusstheit der TN zu fördern:

- Ermuntern Sie die TN, Hypothesen über die grammatischen Regeln zu bilden, zu überprüfen und ggf. zu revidieren.
- Die TN vergleichen ihre Hypothesen und tauschen Eselsbrücken aus, mit denen sie sich Phänomene merken.
- Die TN notieren grammatische Regeln, so wie sie sie verstanden haben. Sie können dafür auch ihre Muttersprache nutzen.
- Die TN vergleichen die Grammatik mit der Grammatik in anderen Sprachen und machen sich Parallelen und Unterschiede bewusst.
- Die TN nutzen beim Wortschatzlernen Parallelen und Unterschiede zu anderen Sprachen.
- Die TN erstellen Aufgaben füreinander: Grammatikübungen, Lückentexte, Dialogpuzzle etc.

Aufgaben und Hinweise, um die Reflexion über das Sprachenlernen zu fördern:

- Reservieren Sie eine feste Zeit in der Woche, in der die TN sich mit dem Thema Sprachenlernen auseinandersetzen können.
- Für die Arbeit mit den Portfolioseiten (www.hueber.de/menschen/lernen) schaffen sich die TN einen Ringbuchhefter an.
- Setzen Sie die Portfolioseiten im Unterricht ein.
- Die TN tauschen sich in Kleingruppen aus und verwenden dabei ihre Muttersprache.
- Die TN probieren die Lerntipps aus und bewerten sie.
- Verweisen Sie auch regelmäßig auf die Lerntipps auf den Fertigkeiten- und den Lernwortschatzseiten.

- Die TN führen ein Lerntagebuch, in dem sie ihre Erfahrungen festhalten. Was habe ich ausprobiert? Was hat mir geholfen?
- In einem Lerntagebuch notieren die TN regelmäßig, was sie gelernt haben, und dokumentieren so ihren Lernfortschritt.
- Regen Sie die TN an, sich auch zu notieren, was sie außerhalb des Unterrichts gelernt haben.

Aufgaben und Hinweise, um den Lernzuwachs zu evaluieren und das Lernen zu planen:

- Die TN bearbeiten die Rubrik „Selbsteinschätzung" im Arbeitsbuch. Lassen Sie die Selbsteinschätzung nach einiger Zeit wiederholen. Was können die TN noch? (Tipp: Damit die Selbsteinschätzung mehrfach eingesetzt werden kann, sollten die TN sie mit Bleistift ausfüllen.)
- Besprechen Sie die individuellen Lernziele der TN und deren Umsetzung im Kurs oder individuell.
- Die TN überprüfen regelmäßig, ob sie ihre Lernziele erreicht haben, und dokumentieren ihre Auswertungen.
- Lassen Sie die Selbsttests des Arbeitsbuches im Unterricht bearbeiten und verweisen Sie die TN als Hausaufgabe auf die entsprechenden Online-Aufgaben unter www.hueber.de/menschen/lernen.
- Die TN korrigieren ihre Selbsttests gegenseitig.
- Prüfen Sie den Lernfortschritt mithilfe der Tests zu den Modulen in diesem Lehrerhandbuch ab Seite 118.

FORM	ABLAUF	MATERIAL	ZEIT
1 PA	a Wenn Sie eine Gruppe aus TN, die sich bereits kennen, und neuen TN haben, teilen Sie die Paare so ein, dass TN zusammenarbeiten, die sich noch nicht kennen. Die Paare unterhalten sich über ihre Hobbys und Interessen. Geben Sie die Zeit vor und weisen Sie darauf hin, dass die TN die Informationen ihrer Partnerin / ihres Partners anschließend brauchen und sie daher ggf. ein paar Stichpunkte festhalten sollten.		
EA	b Die TN erhalten Karteikarten oder Zettel und schreiben auf, was sie von ihrer Partnerin / ihrem Partner erfahren haben, ohne den Namen zu nennen.	ggf. Kartei-karten	
PL (GA)	c Die Karteikarten oder Zettel werden aufgehängt. Die TN lesen diese und erraten die Personen. Nummerieren Sie alternativ alle Karteikarten oder Zettel durch. Die TN beraten in Kleingruppen, wer zu welchem Text gehört, und notieren auf einer Liste. Anschließend wird ausgezählt, welche Gruppe die meisten richtigen Zuordnungen gemacht hat. Die Gruppen werten dabei ihre eigenen Texte nicht.		

Verwendete Abkürzungen:
TN = Teilnehmer/-in
EA = Still- oder Einzelarbeit
GA = Gruppenarbeit
PA = Partnerarbeit
PL = Plenum

	FORM	ABLAUF	MATERIAL	ZEIT
1	PA/ GA	Die TN sehen sich das Foto an und beantworten in Partnerarbeit oder in Kleingruppen die Fragen.		
2	PL, PA	a Die TN hören das Gespräch, wenn nötig mehrmals, und verfolgen es anhand der Stichwörter. In Partnerarbeit erzählen sie die Geschichte nach. Die Paare können sich dabei von Stichwort zu Stichwort abwechseln oder der erste TN erzählt die komplette Geschichte in der dritten Person und der zweite erzählt sie noch einmal in der Ich-Perspektive.	CD 2.01	
	PL	b TN, die ähnliche Situationen erlebt haben, erzählen davon. Gehen Sie nur kurz darauf ein, da die TN in Aufgabe 5 noch ausführlich über sprachliche Missverständnisse sprechen sollen.		
3	PL	a Die TN hören den Anfang der Radiosendung und kreuzen das Thema an. Anschließend Kontrolle. *Tipp:* Damit die TN sich wirklich auf das Thema konzentrieren, decken sie die Aufgaben zu einem Hörtext mit einem Blatt Papier oder dem Heft ab. Alternativ können Sie die drei Themen an die Tafel schreiben, die TN haben die Bücher beim ersten Hören geschlossen. So wird verhindert, dass TN mit den Augen über die Seite schweifen und die Lösung in der folgenden Aufgabe finden. *Lösung:* sprachliche Missverständnisse Besprechen Sie mit den TN mögliche Gründe für sprachliche Missverständnisse.	CD 2.02	
	PL	b Die TN hören die Sendung weiter und ordnen die Probleme zu. Anschließend Kontrolle. *Lösung:* (von links nach rechts) 2; 3; 4	CD 2.03–06	
	PL, PA, GA	c Die TN hören die Sendung noch einmal, ggf. mehrmals, und korrigieren in Partnerarbeit die Texte. Zunächst besprechen die Paare die Lösung mit einem weiteren Paar. Anschließend gemeinsame Kontrolle, wenn nötig. *Tipp:* In Kursen mit überwiegend lernungewohnten TN können Sie die Wörter, die im Text korrigiert werden sollen (also die, die in der Lösung unten durchgestrichen sind), auf Zettel schreiben und im Kursraum verteilt aufhängen. So sehen die TN, was korrigiert werden muss, und können ihre Aufmerksamkeit beim Hören gezielt darauf richten. Etwas schwieriger wird es, wenn Sie zwei Wörter mehr aufhängen, als vorkommen. Außerdem können die Wörter unkonjugiert bzw. undekliniert vorgegeben werden. *Lösung:* 1 ~~müde~~ blau, ~~Onkel~~ Chef, ~~böse~~ traurig; 2 ~~Schüler~~ Lehrer, ~~eine Schülerin~~ ihre Trommel, ~~den Satz~~ das Wort; 3 ~~einen Mann~~ ein Mädchen, ~~einen anderen Gast~~ den Kellner, ~~höflich~~ rot, ~~neuen~~ falschen; 4 ~~Mutter~~ Gastmutter, ~~erschrak~~ wunderte sich, ~~den Hinweis~~ das Missverständnis Sprechen Sie mit den TN darüber, welche Geschichte sie am peinlichsten oder lustigsten finden. Warum?	CD 2.03–06, ggf. zu korrigierende Wörter auf Zetteln	

	Landeskunde: Karl Valentin (1882–1948) ist ein Münchner Komiker. Mit seiner Bühnenpartnerin Liesl Karlstadt führte er kleine Sketche auf, die mit der Sprache spielten und oft absurd und ironisch waren.	

PL, EA, PA — d Die TN sehen sich den Grammatikkasten an. Klären Sie zunächst den Unterschied von Grund und Folge: Die Folge geschieht aufgrund eines Ereignisses, welches zuerst passiert ist. Gründe antworten auf die Frage *Warum?* Die TN markieren in Aufgabe c Gründe und Folgen und vergleichen dann zu zweit. Anschließend gemeinsame Kontrolle (Folie/IWB), indem die Sätze in den Texten markiert und in eine Tabelle eingetragen werden. Die Konjunktion *denn* sollte bereits bekannt sein. Erinnern Sie die TN daran, dass *denn* nur am Anfang (Position 0) stehen kann.

Texte aus c auf Folie/IWB

Lösung:

Grund	Folge
Ihr Chef konnte kaum glauben, dass Jennifer betrunken war.	<u>Deswegen</u> fragte er nach …
<u>Wegen</u> der falschen Betonung	hat die Lehrerin das Wort zunächst nicht verstanden.
Das Mädchen dachte, dass Leyla einen Mann sucht,	und zeigte <u>darum</u> auf den Kellner.
<u>Wegen</u> der falschen Aussprache	hatten die beiden sie missverstanden.
… ihn hatte einmal eine Schlange gebissen.	<u>Daher</u> wollte er plötzlich doch lieber nicht mehr mit.

Folge	Grund
Als seine Gastmutter von den langen Schlangen vor dem Zoo sprach, bekam Phuong Angst,	<u>denn</u> ihn hatte einmal eine Schlange gebissen.
So konnten sie das Missverständnis aufklären:	Die Mutter meinte <u>nämlich</u> nicht das Tier …

Die TN markieren alle Wörter, die Gründe bzw. Folgen anzeigen. *Daher, deshalb, darum, deswegen, aus diesem Grund* sind Adverbien. Im Gegensatz zu Konjunktionen können sie im Satz auf der ersten oder auf der dritten Position stehen, z.B. *Sie hat <u>aus diesem Grund</u> das Essen abgesagt.* Die TN machen weitere Beispiele aus dem Kursalltag, z.B. *Gregory hat keinen Wecker. <u>Daher</u> rufe ich ihn jeden Morgen an und wecke ihn.* Das begründende Adverb *nämlich* kann ausschließlich nachgestellt werden, z.B. *Leyla verstand nicht, warum der Kellner rot wurde. Sie wollte <u>nämlich</u> keinen „Typ".* Die kausale Präposition *wegen* erfordert den Genitiv, wird aber in der Umgangssprache meist mit Dativ benutzt. Wiederholen Sie bei Bedarf kurz den Genitiv, den die TN bereits aus *Menschen B1, Lektion 12,* kennen. Allerdings ist *wegen* für die TN oft schwierig anzuwenden, weil der Grund nominalisiert werden muss, z.B. *Weil Julie das Wort falsch betonte … – <u>Wegen</u> der falschen Betonung.* Machen Sie mit den TN zusammen weitere Beispielsätze.

4	PA, GA	Die TN schlagen die Aktionsseite auf. Je zwei TN erhalten einen Würfel. Die Paare bilden je nach Augenzahl Sätze mit *daher, deshalb, deswegen, darum, aus diesem Grund* bzw. mit *nämlich* und notieren ihre Sätze. Dann tauschen zwei Paare ihre Sätze. Zunächst werden die Sätze kontrolliert, dann schreiben die Paare vier der Sätze mit *wegen*. Helfen Sie bei der Bildung von Nomen oder bereiten Sie einen Zettel mit nominalisierten Formulierungen vor, den Sie in einer Ecke des Kursraums auslegen. Wenn die TN selbst keine Formulierung finden, darf einer der Partner zu dem Zettel gehen und nachsehen. Er muss sich die Formulierung einprägen, wenn er zurückgeht. Er darf sie nicht abschreiben. Die TN können auch ihr Wörterbuch benutzen. Extra: Die TN spielen zu viert. Jede Kleingruppe bekommt Spielfiguren oder Münzen, einen Spielplan und einen Satz Kärtchen der Kopiervorlage. Die Kärtchen werden gemischt und verdeckt auf den Tisch gelegt. Jeder TN spielt auf einer Spalte des Spielplans und beginnt, indem er seine Figur oder Münze auf Feld 1 legt. Das erste Kärtchen wird aufgedeckt. Die TN nennen der Reihe nach Gründe oder Folgen, die zum Beispiel des Kärtchens passen. Dabei sollen sie das Wort, das auf ihrem Feld steht, benutzen. Jeder TN muss einen eigenen Satz bilden. Die Sätze der Kärtchen dürfen dabei umformuliert werden und z.B. mit *deswegen* benutzt werden oder auch nominalisiert werden, z.B. *Wegen meiner Diät nehme ich heute kein Pausenbrot mit. Im Urlaub habe ich 5 Kilo zugenommen, deswegen mache ich eine Diät. Ich mache eine Diät. Daher möchte ich keine Sahnetorte.* Besprechen Sie vor dem Spiel ein Beispiel und schreiben Sie ggf. Beispielsätze an die Tafel, damit die TN sehen, wie man umformulieren kann. Hat jeder TN einen Satz gesagt, wandern die Spielfiguren bzw. die Münzen ein Feld weiter. Das nächste Kärtchen wird aufgedeckt. Die Figuren bzw. die Münzen wandern einmal die Spalte hinunter und wieder hinauf.	Würfel, Wörterbuch, KV L13|4, Spielfiguren oder Münzen	
5	EA, GA	a Extra: Diese vorbereitende Übung eignet sich besonders, wenn die TN noch nicht so sprechgeübt sind. Bereiten Sie Kärtchen mit den Redemitteln aus dem Kommunikationskasten vor oder verteilen Sie die Kopiervorlage. Die TN schneiden die Redemittel aus und ordnen sie zunächst nach Einstieg/Anfang, Mittelteil und Schluss. In Vierergruppen einigen sie sich, wer welche Geschichte aus 3c nacherzählt. Jeder macht sich zu seiner Geschichte einen Zettel mit fünf Stichwörtern. Wenn nötig, können die TN dazu in den Text in 3c schauen. Die Bücher werden geschlossen. Jeder TN wählt drei Redemittel-Kärtchen, die er benutzen möchte, und erzählt seine Geschichte in der Ich-Perspektive. Die TN machen sich Notizen zu einem eigenen sprachlichen Missverständnis. Das kann auch ein Missverständnis aus einer anderen Sprache sein oder die TN denken sich eine Geschichte aus. Anregungen finden sie im Bildlexikon. Sie wählen aus den Redemitteln passende (mindestens drei) aus.	Redemittel-Kärtchen oder KV L13|5a, Scheren	
	GA	b Die TN erzählen ihre Geschichte mithilfe der Redemittel-Kärtchen.	Redemittel-Kärtchen	

	GA, PL, EA	c Die Kleingruppen entscheiden sich für die beste Geschichte in ihrer Gruppe. Sie wird im Plenum noch einmal erzählt. Extra: Die TN schreiben ihre Geschichten auf und verstecken darin zwei bis vier falsche Wörter wie in 3c. Sie erzählen ihre Geschichte noch einmal – ohne falsche Wörter – und nehmen sie mit dem Smartphone oder einer Digitalkamera auf. Den schriftlichen Text und die Aufnahme stellen sie auf der Lernplattform (Moodle) ein. Die anderen hören die Geschichte und korrigieren dabei die falschen Wörter im Text.		
6	PL, GA	Erklären Sie den TN das Gesellschaftsspiel „Teekesselchen", bei dem ein Wort, das zwei Bedeutungen hat, beschrieben wird. Die Mitspieler/-innen müssen das „Teekesselchen" erraten. Drei TN lesen das Beispiel im Buch vor. Teilen Sie den Kurs in zwei Großgruppen, die getrennt voneinander das Spiel spielen. Die TN sehen sich zwei Minuten das Bildlexikon an und prägen sich die Wörter ein. Dann werden die Bücher geschlossen. Zwei TN aus jeder Gruppe entscheiden sich für ein „Teekesselchen" und umschreiben es. Die anderen aus der Gruppe raten. Zusätzlich kann die Kopiervorlage eingesetzt werden. Verteilen Sie die Kärtchen an Paare. Als Hausaufgabe könnten die TN nach weiteren „Teekesselchen" suchen (Wörterbuch, Internet, Rätselhefte) und ihre Ergebnisse in der nächsten Unterrichtsstunde vorstellen oder auf der Lernplattform (Moodle) einstellen.	KV L13|6	
7	PL, GA	a Die Bücher sind geschlossen. Die TN nennen Beispiele, wie man nachfragen kann, wenn man etwas nicht verstanden hat. Dann Vergleich mit dem Kommunikationskasten, ggf. ergänzen die TN im Buch ihre vorher gefundenen eigenen Beispiele. Extra: Die TN schließen die Augen. Sprechen Sie jeden Satz des Kommunikationskastens einmal vor, die TN wiederholen im Chor. In einem zweiten Durchgang sprechen Sie den Satz einmal komplett vor, die TN wiederholen, dann sprechen Sie den Satz ein zweites Mal, lassen aber Lücken, z.B. *Sie ... so schnell. Daher kann ... nur schlecht verstehen.* Die TN wiederholen den Satz und ergänzen selbstständig die Lücken. Lassen Sie bei lerngewohnten TN größere Lücken. Die TN arbeiten zu viert. Zunächst schreibt jeder TN zu den beiden Themen im Buch je einen passenden Satz auf ein Kärtchen. Die Kärtchen werden gemischt und auf einen Stapel gelegt.	Kärtchen	
	GA	b Die TN spielen wie im Buch angegeben. Schreiben Sie die Redemittel des Kommunikationskastens ggf. an die Tafel. Die Bücher werden geschlossen. Die TN spielen mithilfe der Redemittel an der Tafel. Wischen Sie nach und nach einzelne Wörter in den Redemitteln aus.	Kärtchen	

FORM	ABLAUF	MATERIAL	ZEIT
1 PA/ GA	a Die TN sehen sich das Foto an und beantworten in Partnerarbeit oder in Kleingruppen die Fragen.		
PL	b Die TN lesen die Sätze, hören dann die Anweisungen des Trainers und kreuzen an. Anschließend Kontrolle. *Lösung:* 1 einen Kletterkurs. 2 erklärt die Übung. 3 die Übung ausprobieren.	CD 2.07	
2 PL, EA	Lassen Sie die TN die Übung noch einmal erklären: Wie funktioniert sie? Was sollen die Teilnehmenden tun? Was ist der Zeck der Übung? Warum ist Vertrauen beim Klettern wichtig? Danach berichten die TN von Vertrauensübungen, die sie kennen. Wer würde sich trauen, sich fallen zu lassen? Extra: Die TN schreiben eine Anweisung zu der Übung in 1a oder einer anderen bekannten Vertrauensübung. Wiederholen Sie bei Bedarf den Imperativ.		
3 EA, GA, PL	a Die TN notieren Kurse, an denen sie oder Freunde selbst schon teilgenommen haben. In Kleingruppen sehen sie sich das Bildlexikon an und ordnen ihre Kurse den Themenbereichen zu. Tragen Sie im Plenum zusammen: Zu welchem Themenbereich wurden die meisten Kurse besucht? Die TN lesen das Kursprogramm und notieren die passenden Themenbereiche. Anschließend Kontrolle. *Lösung:* 1 Körper & Bewegung; 2 Multimedia & Fotografie; 3 Beruf & Wirtschaft; 4 Kultur & Kunst; 5 Gesundheit & Ernährung		

EA/
PA,
GA

b Die TN lesen das Kursprogramm noch einmal und ergänzen allein oder
zu zweit die Tabelle. Alternativ bearbeitet jeder TN nur drei Kurse.

Lösung:

Kurs	Was können Sie lernen?	Welche Voraussetzungen/ Vorkenntnisse brauchen Sie?	Was sollten Sie mitbringen?
Sicher Klettern	... Konzentration, Vertrauen, körperlich und geistig fit bleiben, Grundlagen des Kletterns	keine Angaben	... etwas zu trinken
Musik aus dem Internet	wie man Musik aus dem Internet herunterladen kann; welche Software man zum Abspielen und Verwalten braucht	keine Angaben	keine Angaben
Berufssituationen am Telefon	ein positives Gesprächsklima schaffen: aktives Zuhören, Fragetechniken, Verhalten in schwierigen Situationen, Atem- und Stimmübungen	keine Angaben	keine Angaben
Lieder aus aller Welt	Lieder aus verschiedenen Zeiten und Stilrichtungen kennenlernen, Übungen für die Stimme	keine Erfahrung im Chorsingen notwendig	keine Angaben
Küche des Orients	exotische Gerichte aus Syrien, Afghanistan, Irak, Türkei zubereiten	für Kochprofis	Küchenschürze, Küchenhandtücher, Behälter für Kostproben
Schneiderwerkstatt	Kleidungsstücke entwerfen, nahen und ändern	Grundtechniken des Nähens	Stoffreste, Nähgarn, Nähnadeln, Bleistift, Schere, Fantasie

In Kleingruppen berichten die TN anhand ihrer Tabelle über die Kurse
und achten darauf, vollständige Sätze zu machen. Lerngewohnte TN
können frei erzählen, die anderen aus der Gruppe überprüfen und/oder
ergänzen anhand der Tabelle.

EA/ PA, PL	c Die TN lesen das Kursprogramm noch einmal und suchen allein oder zu zweit weitere Beispiele für Partizipien als Adjektiv. Anschließend gemeinsamer Vergleich (Folie/IWB).	Kurspro- gramm auf Folie/ IWB, KV L14|3c	
	Lösung: <u>Partizip Präsens als Adjektiv</u>: die entscheiden<u>den</u> Grundlagen, die passen<u>de</u> Strategie, ein überzeugen<u>des</u> Gesprächsverhalten, mit duften<u>den</u> Gewürzen; <u>Partizip Perfekt als Adjektiv</u>: ausgewähl<u>te</u> Musikstücke, ausgewähl<u>te</u> Lieder, selbst gemach<u>te</u> Sommerkleidung		
	Das Partizip Präsens als Adjektiv wird aus dem Infinitiv + *-d* + Adjektiv-endung gebildet. Es beschreibt, was gerade geschieht: *Das lernende Kind* ist das Kind, das jetzt gerade lernt. Das Partizip Perfekt als Adjektiv wird aus dem Partizip Perfekt + Adjektivendung gebildet. Damit wird ausge-drückt, dass etwas schon geschehen oder erledigt ist: *Die gelernten Vokabeln* sind Vokabeln, die jemand bereits gelernt hat. Lassen Sie die TN selbst weitere Beispiele finden, indem Sie fünf Verben und fünf Nomen vorge-ben, z.B. *fahren, kochen, schreiben, benutzen, malen, Gewürze, Kind, Geschichte, Autos, Kartoffeln.* Die TN suchen passende Kombinationen. Wiederholen Sie ggf. die Adjektivendungen.		
	Extra: Verteilen Sie die Kopiervorlage. Die TN ergänzen die Verben in der richtigen Form. Zusätzlich können die TN weitere Fotos (eigene oder im Internet gefundene) mitbringen und beschreiben.		
EA, PA, PL	d Die TN ergänzen die Adjektive in der richtigen Form und vergleichen zu zweit. Anschließend Kontrolle.	Klebeband oder Sicher-heits-nadeln	
	Lösung: vorbereitenden; ausgewählte; fehlende; umfassendes; laufende; passende		
	Extra: Die TN spielen „Lebendes Domino". Dazu schreiben sie ein beliebiges Nomen auf einen Zettel und ein passendes Partizip auf einen zweiten Zettel. Sammeln Sie die Zettel ein und mischen Sie sie. Jeder TN erhält einen Nomen-Zettel, den er sich auf dem Bauch befestigt. Der zweite Zettel mit dem Partizip wird auf dem Rücken befestigt. Die TN stellen sich so Rücken an Bauch, dass sinnvolle Kombinationen ent-stehen. Variante für lerngewohnte TN: Statt Partizip wird ein Verb im Infinitiv notiert. Wenn die TN ihre Positionen eingenommen haben, bilden sie Sätze mit den Kombinationen. Dabei muss das Partizip ge-bildet werden. Diese Übung kann auch zu einem späteren Zeitpunkt als Wiederholung eingesetzt werden.		

	EA/ PA, (GA), PL	e Die TN schlagen die Aktionsseite auf. Sie bearbeiten die Aufgabe allein oder zu zweit wie im Buch angegeben. Im zweiten Schritt vergleichen sie ihre Lösung mit einer Partnerin / einem Partner oder mit einem anderen Paar. Erst danach vergleichen sie ihre Lösung mit dem Originaltext. Lerngewohnte TN decken den Kasten mit einem Haftnotizzettel oder mit der Hand ab und lösen die Aufgabe frei. Kontrollieren Sie in dem Fall, ob die Lösungswörter der TN sinngemäß passen. Anschließend Kontrolle. *Lösung:* ~~bringt~~ lernt; eignet sich ✓; ~~Gefahr~~ Möglichkeit; ~~Talente~~ Software; ~~kaufen~~ hinzufügen; Kontakt ✓; sicheres ✓; ~~entdecke~~ schaffe; ~~Ideen~~ Freude; ~~zufällig~~ notwendig; ~~fit~~ reich; ~~Blumen~~ Gewürzen; mitbringen ✓; ~~Wahl~~ Tür; ~~wählen~~ ändern; Fantasie ✓	ggf. Haftnotiz- zettel	
4	EA	a Die TN notieren ihre Vermutungen über die Interessen ihrer Partnerin / ihres Partners und die zu diesen Interessen passenden Kurse aus dem Kursprogramm. Wenn sich die TN (noch) nicht gut kennen sollten, machen sie zuerst ein Partner-Interview zum Thema Interessen und Hobbys. Dann erst notiert jede/r Kursempfehlungen für die Partnerin / den Partner.		
	PA	b Im Partnergespräch berichten sie von ihren Vermutungen und empfehlen passende Kurse. Die Partnerin / Der Partner reagiert darauf.		
5	EA/ PA	a Die TN lesen das Beispiel im Buch und auch den Angebotstext dazu in b. Allein oder in Partnerarbeit überlegen sie sich ein eigenes Kursangebot und machen Notizen.		
	EA/ PA	b Die TN überlegen sich einen Titel und formulieren ihr Kursangebot aus. Formulierungshilfen gibt es im Kommunikationskasten. Ergänzend tippen sie ihren Text zu Hause ab, drucken ihn aus und bringen ein passendes Foto mit. Extra: Die TN überlegen zu zweit, in welcher deutschen/österreichischen/Schweizer Stadt sie gern leben würden, und rufen die Webseite dieser VHS (Volkshochschule) auf. Sie suchen nach passenden Kursen für ihre Partnerin / ihren Partner. Die Kursbeschreibungen könnten ausgedruckt werden. Diese Aufgabe ist zur Vorbereitung des Gesprächs auch als Hausaufgabe möglich. In diesem Fall bringen die TN die ausgedruckten Info-Texte mit.		

PL, GA (EA, PA)	c Die Kursangebote werden im Kursraum aufgehängt. Sie sind das „neue Kursangebot der Volkshochschule". Bereiten Sie dazu Zettel mit den Themenbereichen des Bildlexikons vor, die im Raum aufgehängt werden. Die TN ordnen ihre Angebote zu. Geben Sie jedem TN die gleiche Anzahl Klebepunkte, welche die TN zu den Kursen kleben, die sie interessant finden. Dabei dürfen auch mehrere Punkte an einen Kurs vergeben werden. Welches ist der beliebteste Kurs?	Zettel mit Themenbereichen, Klebepunkte, KV L14|5c	
	Zusätzlich sprechen die TN in Kleingruppen über das „neue Kursangebot" und erzählen, was sie gern machen möchten, nie machen würden, interessant oder langweilig finden, was sie vermissen usw.		
	Extra: Wenn Sie das Schreiben trainieren oder die TN an das Goethe-Zertifikat B1 heranführen möchten, verteilen Sie die Kopiervorlage. Die TN haben 20 Minuten Zeit, die E-Mail zu schreiben. Sammeln Sie die Texte ein und korrigieren Sie sie. Besprechen Sie häufige Fehler, indem Sie aus den Texten der TN eine eigene E-Mail schreiben, in die Sie diese Fehler einbauen. Die TN korrigieren diese E-Mail zunächst in Partnerarbeit, anschließend Kontrolle. Geben Sie erst danach die E-Mails der TN zurück. In Absprache mit dem jeweiligen TN können Sie auch eine gut gelungene E-Mail für alle kopieren und kurz im Plenum besprechen, damit alle eine Vorstellung von einer für die Prüfung ausreichenden E-Mail bekommen. Achten Sie dabei insbesondere auf den Textinhalt und den Textaufbau.		

	FORM	ABLAUF	MATERIAL	ZEIT
1	PA	a Zeigen Sie das Einstiegsfoto (Folie/IWB). Die TN sprechen zu zweit über das Foto. Insbesondere sollten sie überlegen, warum eine Person so anders gekleidet ist. Hinweis: Wenn Sie in Aufgabe 5 mit Stellenanzeigen aus dem Internet arbeiten möchten, bitten Sie die TN vorab, geeignete Anzeigen, auf die sie sich bewerben würden, mitzubringen.	Einstiegs-foto auf Folie/IWB	
	PL	b Die TN hören das Gespräch und vergleichen mit ihren Vermutungen. Kurzes Gespräch im Plenum darüber.	CD 2.08	
2	PL/ GA	Die TN erzählen über ihre Erfahrungen mit Bewerbungsgesprächen.		
3	GA, EA, PL	Schreiben Sie die vier Berufe *Buchhalter, Callcenteragent, Fremdsprachen-korrespondent, Fremdsprachensekretär* auf je ein Plakat. Die TN erhalten in Gruppen eines der Plakate und tragen Tätigkeiten und Aufgaben, Voraussetzungen (Ausbildung, Studium, Kenntnisse usw.) sowie mögliche Arbeitsfelder, Branchen und/oder Firmen (drei bis vier als Beispiele) zu diesem Beruf ein. Nach einiger Zeit tauschen die Gruppen die Plakate und ergänzen. Dann wird wieder getauscht, bis jede Gruppe jeden Beruf bearbeitet hat. Die TN überfliegen die Stellenanzeigen im Buch und ergänzen die Berufe. Anschließend Kontrolle. *Lösung:* A Fremdsprachenkorrespondenten; B Callcenteragenten; D Buchhalter Ergänzend können die TN über möglicherweise vorhandene Unterschiede zu Stellenanzeigen in ihrer Heimat sprechen: Was wird dort auch/nicht erwähnt oder verlangt? Wiederholung: Wiederholen Sie anhand der Wörter *Callcenteragent* und *Fremdsprachenkorrespondent* die n-Deklination, die die TN bereits aus *Menschen B1*, Lektion 1, kennen. Verteilen Sie dann die Kopiervorlage. Anschließend Kontrolle.	Plakate, Filzstifte, KV L15|3	
4	EA, PL	a Die TN überfliegen das Bewerbungsschreiben und ergänzen den passenden Beruf aus 3. Anschließend Kontrolle. *Lösung:* Anzeige A; Fremdsprachenkorrespondenten		

EA/ PA, PL	b Die TN bearbeiten die Aufgabe allein oder zu zweit wie im Buch angegeben. Anschließend Kontrolle (Folie/IWB). *Lösung:* <u>Stellenanzeige:</u> 1 abgeschlossene Ausbildung zum Fremdsprachen-korrespondenten; 2 mehrjährige Berufserfahrung, Spaß an der Arbeit im Team sowie Flexibilität und Eigeninitiative, verantwortungsbewusste, selbstständige und sorgfältige Arbeitsweise; 3 sehr gute Kenntnisse der englischen und der spanischen Sprache; 4 gute Kenntnisse der gängigen PC-Programme; <u>Bewerbungsschreiben:</u> 1 Ausbildung zum Fremdsprachen-korrespondenten abgeschlossen; 2 die Koordination einzelner Projekte, für mehrere Monate ein Projekt in Kanada zu koordinieren, unter Zeit-druck auf neue Situationen einzustellen, flexibel auf neue Aufgaben und Problemstellungen zu reagieren; 3 zweisprachig aufgewachsen, sowohl Deutsch als auch Spanisch als Muttersprachen; 4 beherrsche nicht nur die üblichen PC-Programme, sondern habe auch Basiskenntnisse im Programmieren von Internetseiten	Farbstifte/ Text-marker, Stellen-anzeige A und Be-werbungs-schreiben auf Folie/ IWB	
EA, PL, GA	c Die TN bearbeiten die Aufgabe wie im Buch angegeben. Anschließend Kontrolle. *Lösung:* Deutsch und auch Spanisch Die TN markieren im Bewerbungsschreiben weitere Sätze mit *sowohl ... als auch* und *nicht nur ..., sondern auch.* An den weiteren Beispielen aus dem Bewerbungsschreiben erkennen die TN, dass die zweiteiligen Konjunktionen sowohl Wörter als auch Satzteile verbinden können. Machen Sie deutlich, dass vor *sondern auch* ein Komma stehen muss. Machen Sie mit den TN weitere Beispiele aus dem Kurs, z.B. *Lee spricht nicht nur sehr gut Englisch, sondern auch fließend Französisch. Peter geht sowohl zu Hiphop-Konzerten als auch in die Oper.* In Kleingruppen schreiben die TN weitere Beispiele. Kontrolle im Plenum. Extra: In Kleingruppen erhalten die TN je einen Kartensatz der Kopier-vorlage und spielen „Aufzählungsmemo". Ein TN deckt zwei Kärtchen auf und versucht, mit den abgebildeten Dingen einen Satz mit *sowohl ... als auch* oder *nicht nur ..., sondern auch* zu bilden. Gelingt es, darf er die Karten behalten. Kann er keinen sinnvollen Satz sagen, dreht er die Karten wieder um und der nächste TN ist an der Reihe. Das Memo-Spiel muss nicht aufgehen, denn es hängt von den Einfällen der TN ab, wie viele sinnvolle Sätze gebildet werden können.	KV L15|4c	
5 EA	a Die TN wählen eine Anzeige aus Aufgabe 3 oder bringen eine eigene Anzeige mit und bearbeiten die Aufgabe wie im Buch angegeben.	Stellen-anzeigen	
EA	b Die TN notieren Antworten auf die Fragen und ergänzen, wenn nötig, weitere Fragen zu den Anforderungen aus „ihrer" Anzeige. Sie beant-worten auch diese Fragen.	Stellen-anzeigen	

PL, EA, PA	c Wiederholen Sie mit den TN, was in einen offiziellen Brief gehört: Adresse, Empfänger, Betreff, Anlagen usw. Verteilen Sie dazu die Kopiervorlage. Die TN bearbeiten die erste Aufgabe. Anschließend Kontrolle. Dann bearbeiten die TN die zweite Aufgabe mithilfe des Redemittelkastens als Vorbereitung auf das eigene Schreiben. Die TN sollten erst zur Kontrolle mit dem Brief im Buch vergleichen. Mithilfe des Kommunikationskastens und den Antworten aus b schreiben die TN dann selbst eine Bewerbung. Tipp: Lassen Sie die TN in einer Schreibwerkstatt die Briefe zunächst selbst überarbeiten. Dazu finden die TN sich paarweise zusammen. Sammeln Sie die Bewerbungsschreiben ein und verteilen Sie sie neu. Die Paare korrigieren die zwei Briefe, die sie erhalten haben, wobei sie auf inhaltliche, stilistische und grammatische Fehler achten. Dazu können die TN für jedes Kriterium eine eigene Farbe benutzen, die für alle gleich sein sollte. Geben Sie sie an der Tafel vor, z.B. Rot für Inhalt, Blau für Grammatik und Grün für Stil. Am besten ist es, wenn die TN die Briefe dreimal durchgehen, für jedes Kriterium extra. Die Paare tauschen die Briefe mit einem anderen Paar und korrigieren erneut. Anschließend bekommt jeder TN seinen Brief zurück und schreibt ihn noch einmal ab. Das kann auch als Hausaufgabe mithilfe des Computers gemacht werden. Erst dann korrigieren Sie die Briefe.	KV L15|5c	
6	GA	In Kleingruppen diskutieren die TN über das richtige Verhalten in Bewerbungsgesprächen. Anregung für das Gespräch finden sie im Bildlexikon. Anschließend notiert jede Gruppe acht Tipps für das richtige Verhalten auf einem Plakat und vergleicht sie mit einer anderen Gruppe. Beide Gruppen einigen sich wiederum auf die acht wichtigsten Tipps aus ihren Plakaten, die sie mit einer weiteren Gruppe vergleichen usw., bis nur noch die Großgruppe übrig ist und die acht wichtigsten Tipps feststehen, die auf einem gemeinsamen Kursplakat festgehalten werden.	Plakate	
7	PA, PL	a Zu zweit unterhalten sich die TN kurz darüber, welche Themen ihrer Meinung oder Erfahrung nach in einem Vorstellungsgespräch üblicherweise angesprochen werden. Dann hören sie das Vorstellungsgespräch und kreuzen die Themen an, die zur Sprache kommen. Anschließend Kontrolle. Lösung: Tätigkeiten in der alten Firma; Grund für den Arbeitgeberwechsel; Stärken & Schwächen; mögliche Gründe für Einstellung; Gehaltsvorstellungen Die TN sprechen über eventuelle Unterschiede zu ihren Vermutungen, dabei können auch kulturelle Unterschiede angesprochen werden.	CD 2.09	

EA, PL	b Die TN lesen die Fragen und notieren zunächst, was sie behalten haben. Dann hören sie das Gespräch noch einmal abschnittsweise und beantworten die Fragen schriftlich. Da es sich um sehr viele Informationen handelt, sollten Sie beim Hören auch innerhalb der Abschnitte Pausen machen, um den TN Zeit zum Schreiben zu geben. Besprechen Sie die Ergebnisse erst, nachdem die TN alle Abschnitte bearbeitet haben, damit die Konzentration nicht gestört wird.	CD 2.10–13	

Lösungsvorschlag: 2 als Dolmetscher bei Verhandlungen dabei, Übersetzungsaufträge koordiniert und betreut; 3 Projekt zu Ende, etwas Neues machen; 4 Unternehmen hat Kontakte in die ganze Welt, viele Möglichkeiten in einem großen Unternehmen, Sprachkenntnisse voll einsetzen können; 5 zuverlässig auch unter Zeitdruck, versteht Zusammenhänge schnell, kann gut mit Menschen kommunizieren und arbeiten; 6 ungeduldig; 7 erfüllt alle Voraussetzungen, Berufserfahrung im Ausland, arbeitet selbstständig, findet flexible Lösungen, geht auf andere zu; 8 ungefähr 2.000 Euro

8	EA	a Die TN bearbeiten die Aufgabe wie im Buch angegeben.	Anzeigen und Bewerbungsschreiben aus 5c	
	EA, PL	b Die TN tragen die Redemittel in die Tabelle ein. Alternativ geben Sie bei geschlossenen Büchern die Tabelle an der Tafel vor, die TN übertragen sie ins Heft. Diktieren Sie dann die Redemittel, die TN schreiben sie jeweils in die passende Spalte. Anschließend Kontrolle (Folie/IWB).	Folie/IWB	

Lösung:

Gesprächseinstieg	Danke für die Einladung zum Gespräch. | Schön, dass Sie da sind. | Setzen Sie sich doch!
Erfahrungen bisher / Qualifikation / Grund für die Bewerbung	Ich konnte in verschiedenen Bereichen Erfahrungen sammeln. So war ich … Dabei habe ich … | Ich habe mir Ihr Unternehmen im Internet angeschaut und gesehen, dass … | Ich denke, dass ich bei Ihnen viele Möglichkeiten habe und …
Stärken und Schwächen	Es fällt mir leicht, … | Ich mache … (nicht so) gern. | Manchmal bin ich etwas …
Gesprächsabschluss	Haben Sie denn noch eine Frage an mich? | Gut, Frau/Herr … , wir melden uns dann in ein paar Tagen bei Ihnen. | Vielen Dank, dass Sie hier waren.

Zusätzlich können die TN zur Vorbereitung für Aufgabe c die Redemittel den Fragen in 7b zuordnen (*Ich möchte gern etwas Neues machen und mich weiterentwickeln. (3)* \| *Ich erledige meine Aufgaben sowohl … als auch … (5, 7)*).

PA, PL	c Die TN spielen zu zweit Vorstellungsgespräche wie im Buch angegeben. Zusätzlich können freiwillige TN ihr Gespräch dem Plenum vorspielen. Die anderen überlegen, was gut war bzw. was man besser machen könnte. Tipp: Nehmen Sie Rollenspiele der TN mit einer Kamera oder mit dem Smartphone auf. Wenn die TN sich selbst sehen, können sie ihr Verhalten reflektieren und sich selbst besser einschätzen bzw. bewerten, was die sprachliche Flüssigkeit angeht.			
9 PL, EA	a Die Bücher sind geschlossen. Lesen Sie den Beispiel-Notizzettel aus der Aufgabe vor. Die TN nennen Berufe, die ihnen dazu einfallen, und einigen sich ggf. auf einen Beruf. Die TN schlagen die Bücher auf und notieren zu einem Beruf aus der Liste assoziativ sechs Ausdrücke.			
GA	b In Kleingruppen versuchen die TN, die Berufe anhand der Ausdrücke zu erraten. Ergänzend können die TN anschließend erzählen, warum ihnen diese Wörter zu dem Beruf eingefallen sind, oder sie schreiben einen Text darüber und stellen ihn auf einer Lernplattform (Moodle) ein. Extra: Die TN spielen in Kleingruppen Beruferaten. Ein TN überlegt sich einen Beruf, die anderen stellen Fragen dazu, die nur mit *Ja* oder *Nein* beantwortet werden dürfen. Für jedes *Nein* erhält die Gruppe einen Strich. Bei zehn Strichen endet das Spiel und der Beruf wird bekannt gegeben. Ein anderer TN denkt sich einen Beruf aus und eine neue Runde beginnt. In Kursen mit lernungewohnten TN können vorab Berufe gesammelt werden, aus denen die Kleingruppen dann auswählen.			

Lesemagazin

	FORM	ABLAUF	MATERIAL	ZEIT
1	PL, EA	Zeigen Sie den Titel „Wie der Mensch ...". Die Bücher sind geschlossen. Die TN diskutieren über die Bedeutung.	Kopien des Textes	
		Die TN lesen die Geschichte und ordnen die Abschnitte. Sie markieren, aufgrund welcher Wörter oder Merkmale im Text sie ihre Entscheidung getroffen haben. Anschließend Kontrolle.		
		Lösung: (von oben nach unten) 1; 7; 2; 5; 4; 6		
		Sprechen Sie mit den TN über Merkmale, die eine Zuordnung erleichtern (Abschnitt 1 endet mit einer Frage, die im folgenden Abschnitt beantwortet werden muss. Abschnitt 4 endet mit einem Wunsch, der im Folgenden genannt werden muss.)		
		Extra: Die Geschichte eignet sich, um das flüssige Lesen und die Intonation auf Deutsch zu üben. Kopieren Sie dazu die Geschichte in der richtigen Reihenfolge, damit die TN beim Lesen nicht nach den passenden Textteilen suchen müssen, was zusätzlich Aufmerksamkeit bindet. Geben Sie den TN etwas Zeit, das flüssige Lesen des Textes mit guter Betonung zu üben, indem die TN zunächst im Stillen lesen und sich schwierige Wörter oder Wörter, die sie besonders betonen möchten, markieren. Hierzu werden am besten verschiedene Farben benutzt, eine Farbe für schwierige, eine andere für die besonders zu betonenden Wörter. Möglich ist auch, wörtliche Rede jeweils farbig zu markieren und sie mit verstellter Stimme zu sprechen, je nachdem welche Person spricht. In einem weiteren Schritt lesen die TN den Text mit Flüsterstimme und machen ggf. weitere Markierungen. Lesen Sie die Geschichte, wenn nötig, vorher selbst einmal vor. Danach schließen die TN die Augen, während ein TN den Text vorliest. Lassen Sie den Text mehrere Male vorlesen.		
2	EA, PA, GA	Die TN decken die Geschichte mit einem Heft oder Zettel ab und machen sich Notizen neben die Zeichnungen. Dann erzählen sie die Geschichte schriftlich nach. Sie tauschen ihre Geschichte mit einem oder mehreren anderen TN für die Textkorrektur.		
		Extra: Die TN schreiben in Kleingruppen eine eigene Geschichte zu der Moral der Geschichte (vgl. Titel und letzten Satz). Helfen Sie bei schwierigen Formulierungen, denn oft haben die TN eine bestimmte Formulierung aus ihrer Muttersprache im Kopf, von der sie sich schlecht lösen können und für die die sprachlichen Mittel noch nicht zur Verfügung stehen. Gerade beim Erzählen von Geschichten tritt dieses Problem auf, weil die TN hier zuerst meist muttersprachlich denken. Zusätzlich stellen die TN drei Szenen ihrer Geschichte nach und fotografieren diese. Nachdem die Geschichten korrigiert worden sind, werden sie mit den Fotos im Kursraum ausgehängt oder die TN stellen ein Märchenbuch mit den Geschichten und Fotos zusammen, von dem alle ein Exemplar erhalten.		

Film-Stationen

FORM	ABLAUF	MATERIAL	ZEIT
1 EA, PA, PL	a Die TN machen sich Notizen zu den Zeichnungen und überlegen mit der Partnerin / dem Partner, welche Zeichnungen zusammenpassen und zu sprachlichen Missverständnissen führen könnten. Die Ideen der TN werden gemeinsam besprochen. Geben Sie Raum für Diskussionen und unterschiedliche Lösungsvorschläge. Es ist nicht nötig, dass die TN eine bestimmte Lösung erkennen. *Lösungsvorschlag:* (von links nach rechts, von oben nach unten) schwanger, Gewicht/Pfund, (mit Appetit) essen, Geldschein, Apfelsine, streicheln, wenig essen, streichen, fressen, füttern, Apfel		
PL	b Die TN sehen den Film. Stoppen Sie nach jeder Geschichte, damit die TN Zeit haben, das Passende anzukreuzen. Anschließend Kontrolle. *Lösung:* 1 in einem Kurs, ihr Schwager; 2 Hunger hat, streichen; 3 Apfelsinen, Äpfel; 4 etwas kochen, eine Gewichtseinheit; 5 Vermieterin, mit Futter versorgt	Clip 5	
2 PL, PA	a Sammeln Sie vorbereitend mit den TN emotionale Ausrufe, die Erstaunen, Unglauben, Schock, Unsicherheit usw. ausdrücken, z.B. *Oh je, nein! Das ist nicht dein Ernst! Wie jetzt?* Zu zweit wählen die TN ein Missverständnis aus dem Clip und schreiben ein Gespräch dazu.		
PL	b Die TN spielen die Gespräche im Kurs vor. Regen Sie die TN dazu an, die Gespräche mit viel Mimik und Gestik zu spielen, sodass die Emotionen deutlich werden.		

Projekt Landeskunde

FORM	ABLAUF	MATERIAL	ZEIT
1 EA, PL	Die TN lesen den Text und korrigieren die Aussagen. Anschließend Kontrolle. *Lösung:* b ~~österreichische~~ dänische; c ~~im 19. Jahrhundert~~ nach dem Ersten Weltkrieg; d ~~von Unternehmern~~ vom Staat; e ~~Kochkurse~~ Volkshochschulen Die TN berichten, in welchen Institutionen Erwachsene in ihrem Heimatland bzw. in ihren Heimatländern etwas lernen können. Gibt es etwas Vergleichbares zu Volkshochschulen?		

	FORM	ABLAUF	MATERIAL	ZEIT
2	EA/ PA	a Jeder TN schreibt den Namen einer Stadt aus D-A-CH auf einen Zettel. Die Zettel werden gemischt und neu verteilt. Jeder TN recherchiert im Internet für „seine" Stadt nach einem Kochkurs und macht sich Notizen zu den Fragen in Buch. Lernungewohnte TN arbeiten zu zweit. In Inlandskursen können Sie auch Kataloge von Weiterbildungseinrichtungen mitbringen.	ggf. Kataloge und Prospekte von Weiterbildungseinrichtungen	
	PL, GA	b Die TN stellen „ihren" Kochkurs vor. Wer tatsächlich schon einmal an einem Kochkurs teilgenommen hat, berichtet davon. Zusätzlich informieren sich die TN im Internet über das Kursprogramm einer Volkshochschule in einer größeren Stadt bzw. an ihrem Wohnort in D-A-CH. Jeder TN druckt zwei Kurse aus, die ihn interessieren, und stellt diese in der Gruppe vor.		

Ausklang

	FORM	ABLAUF	MATERIAL	ZEIT
1	EA, PL	Die TN lesen den Liedtext und ergänzen die passenden Kurstitel. Dann hören sie das Lied und vergleichen. *Lösung:* (in der Reihenfolge ihres Vorkommens) „Bewerben gut und einwandfrei", „Malen ohne Staffelei", „Bewerben gut und einwandfrei", „Komponieren für Blinde", „Bewerben gut und einwandfrei", „Bewerben gut und einwandfrei"	CD 2.14	
2	EA, PL	a Die TN notieren, wer welche Strophe singt. Anschließend Kontrolle. *Lösung:* G; O; S		
	PL	b Teilen Sie den Kurs in vier Gruppen. Jeder Gruppe wird eine Person aus dem Lied zugeteilt. Die TN hören das Lied noch einmal und singen „ihre" Strophe mit. Schwieriger wird es, wenn die TN im Kreis stehen und jeweils durchzählen bis vier, sodass die TN einer Gruppe nicht nebeneinander stehen. Wer falsch einsetzt, setzt sich.	CD 2.14	

	FORM	ABLAUF	MATERIAL	ZEIT
1	PA, PL	a Die TN unterhalten sich zu zweit über das Foto. Alternativ oder zusätzlich schreiben die Paare einen möglichen Dialog zum Foto. Einige Paare können ihren Dialog anschließend vorspielen oder vorlesen.		
	PA, PL	b Die TN hören das Gespräch und vergleichen wiederum zu zweit mit ihren Vermutungen. Kurzes Gespräch im Plenum darüber.	CD 2.15	
2	EA, GA	Geben Sie den TN etwas Zeit, sich Notizen über eine interessante Reisebekanntschaft zu machen. Das kann auch eine Person sein, die die TN zwar nicht angesprochen haben, die aber aus irgendeinem Grund interessant schien. Sie unterhalten sich über ihre Begegnungen. Ermuntern Sie die TN, ein echtes Gespräch zu führen, also auch nachzufragen.	KV L16|2	
		Extra: Die TN tauschen ihre Stichwortzettel untereinander und schreiben zu den Stichworten eine erfundene Geschichte. Das ist auch als Hausaufgabe oder als Stundeneinstieg am folgenden Kurstag möglich.		
		Wiederholung: Wiederholen Sie den Infinitiv mit zu, da in dieser Lektion *nicht/nur brauchen zu* eingeführt wird. Verteilen Sie dazu an Kleingruppen je einen Satz Kärtchen der Kopiervorlage und machen Sie ein paar Beispiele vor. Die Kleingruppen legen ihre Kärtchen offen in der Tischmitte aus. Sie bilden reihum Sätze zur Situation auf dem Einstiegsfoto. Verwendete Kärtchen werden umgedreht. Die Kärtchen eignen sich auch für andere Redeanlässe und können immer wieder eingesetzt werden. Dadurch schleifen sich diese Wendungen, die im Alltag oft gebraucht werden, besser ein.		
3	PA, GA	Die Bücher sind zunächst geschlossen. Die TN erstellen in Partnerarbeit ein Assoziogramm zum Thema *Jugend*. Verteilen Sie dazu an jedes Paar ein DIN-A3-Blatt. Die Partner schreiben mit unterschiedlichen Farben. Geben Sie eine begrenzte Zeit vor, z.B. fünf Minuten. Danach erst schlagen die TN die Bücher auf und ergänzen passende Wörter aus dem Bildlexikon. Mit einem anderen Paar vergleichen sie ihr Assoziogramm.	DIN-A3-Blätter, Farbstifte, KV L16|3	
		Alternativ machen die Paare ein Ranking ihrer fünf wichtigsten Stichworte zum Thema *Jugend*: Was gehört auf alle Fälle dazu? Danach einigen sich zwei Paare wiederum auf fünf, dann vier Paare auf fünf usw., bis sich die TN auf die fünf wichtigsten Begriffe geeinigt haben.		
		Extra: Verteilen Sie die Bildlexikon-Kärtchen (Kopiervorlage) an Kleingruppen. Die TN ziehen reihum ein Kärtchen und erzählen sich über dieses Thema Geschichten, ausgedachte (wenn sie mal alt sind und zurückdenken) oder wirklich erlebte (aus der Kindheit/Jugend) oder welche von den Eltern und Großeltern. Alternativ zieht jeder TN fünf Kärtchen, legt eine Reihenfolge fest und macht daraus eine Geschichte, die erzählt oder aufgeschrieben wird. Eine weitere Möglichkeit ist das Erfinden einer Biografie zu einer Person aus dem Kursbuch. Zu dieser Person werden drei bis fünf Karten gezogen und es wird daraus eine Lebensgeschichte konstruiert.		

		Tipp: Auch das Bildlexikon in anderen Lektionen eignet sich gut, um daraus Bildkärtchen zu machen und diese für Geschichten oder Rede- und Schreibanlässe zu verwenden.		
4 PL		a Die Bücher sind geschlossen. Zeigen Sie das Foto (Folie/IWB). Die TN spekulieren über mögliche Gesprächsthemen für die Personen. Dann öffnen sie die Bücher, hören das Gespräch und kreuzen an. Anschließend Kontrolle und Vergleich mit den Vermutungen. *Lösung:* Jugend; Pflichten und Aufgaben im Elternhaus; Generationenkonflikte	Foto der Aufgabe auf Folie/ IWB, CD 2.16	
PL		b Die TN hören den Anfang des Gesprächs noch einmal und kreuzen an. Anschließend Kontrolle. *Lösung:* 1 … einen normalen Familienalltag zu führen. 2 … ging es mit der Wirtschaft wieder aufwärts. Stellen Sie sicher, dass die TN verstehen, in welcher Zeit die Dame aufgewachsen ist (Nachkriegsdeutschland, 1950er-Jahre). Das ist auch für das Verständnis in c wichtig. Tragen Sie zusammen, was die TN über diese Zeit in Deutschland wissen. Landeskunde: Nach dem Zweiten Weltkrieg (1939–1945) waren viele Städte in Deutschland größtenteils zerstört, es herrschte Hungers- und Wohnungsnot. Viele Männer waren als Soldaten im Krieg gefallen oder in Kriegsgefangenschaft geraten. Die letzten Kriegsgefangenen kehrten erst im Januar 1956 aus der UdSSR nach Deutschland zurück.	CD 2.17	
PL, PA		c Die TN hören den zweiten Teil des Gesprächs noch einmal und machen sich Notizen über die Jugend der beiden Personen. Anschließend Vergleich zunächst in Partnerarbeit, dann gemeinsame Kontrolle. *Lösung:*	CD 2.18	

	ältere Dame	junger Mann
1	Tanztee, nachmittags	Club, freitags und samstags ab 23 Uhr
2	Kleidung waschen und bügeln	Zimmer aufräumen
3	musste vor Mitternacht zu Hause sein; kein Besuch von Männern	Besuch der Freundin im eigenen Zimmer
4	21	fast 17

| | | d Die TN hören das Ende des Gesprächs und kreuzen an. Anschließend Kontrolle.

Lösung: 1 unzufrieden; 2 viele; 3 leicht; 4 immer noch

Fragen Sie die TN nach ihrer eigenen Jugend (Rechte, Pflichten, Treffpunkte, erste Liebe …). Wissen sie von Unterschieden zur Jugend ihrer Eltern oder Großeltern? Gehen Sie hier nicht auf das Thema „Abgrenzung von den Eltern" ein, denn dazu sollen die TN sich später noch äußern. | CD 2.19 | |
| PL | | | | |

5	EA, PL, PA	Die TN erarbeiten sich anhand der Beispiele die Bedeutung von *brauchen zu*. Anschließend Kontrolle. *Lösung:* (nicht) müssen Machen Sie deutlich, dass sich die Beispielsätze auch mit *(nicht) müssen* formulieren lassen, dann aber mit einfachem Infinitiv. *Brauchen zu* kann bei Einschränkungen *(nur)* oder negativ *(nicht)* gebraucht werden und ist eine Alternative zu *nur müssen / nicht müssen*. Sammeln Sie weitere Beispiele mit den TN und erinnern Sie an *brauchen* als Vollverb: *Ich brauche einen neuen Computer.* Extra: Zur Vertiefung spielen die TN das Partnerspiel der Kopiervorlage. Die TN spielen zu zweit, ein TN erhält Teil A, der andere Teil B. Die TN lesen sich gegenseitig die Sätze langsam vor, der andere formuliert um, sofern möglich. Achten Sie darauf, dass die TN konzentriert zuhören, die Sätze aus dem Gedächtnis wiederholen und sich die Sätze nicht gegenseitig zeigen.	KV L16	5	
6	PL, EA, GA	Die TN schlagen die Aktionsseite auf und spielen Aktivitäten-Bingo wie im Buch angegeben. Zusätzlich schreiben die TN einen kurzen Text über sich und ihre Pflichten und Freiheiten in der Jugend. Extra: Für eine zweite Runde bereiten Sie Zettel mit sechzehn Feldern vor. Die TN füllen in Kleingruppen die Felder eines Zettels mit eigenen Beispielen nach dem Muster im Buch. Kopieren Sie den Zettel einer Gruppe so oft, dass jeder TN einen Zettel bekommt. Eine neue Runde wird gespielt. Die Zettel der anderen Gruppen können Sie zu einem späteren Zeitpunkt als Wiederholung oder Stundeneinstieg nutzen.	Zettel mit sechzehn Feldern	
7	EA/ PA, PL	a Die TN ordnen Passagen aus dem Gespräch in 4 den passenden Fragen zu. Anschließend Kontrolle. *Lösung:* 1 C; 2 B; 3 D		
	PL, EA, GA	b Um die TN an die Redemittel heranzuführen, spielen Sie noch einmal den Teil des Gesprächs vor, in dem es um die Jugend der beiden Personen geht. Die TN markieren die Redemittel, die im Gespräch vorkommen. Lernungewohnte TN konzentrieren sich beim Hören nur auf eine Kategorie: *auf Erzählungen reagieren* oder *Wichtigkeit ausdrücken*. Anschließend Kontrolle. *Lösung:* Wir gingen, so oft wir konnten, …; Es kam mir vor allem darauf an …; Bei uns kam das damals gar nicht infrage. Meine Mutter legte größten Wert darauf, dass …; Das war bei uns natürlich nicht vorstellbar.	CD 2.18, Streichhölzer, ggf. Musik, KV L16	7b	

Extra: Teilen Sie den Kurs in zwei Gruppen. Eine Gruppe hat die Redemittel *auf Erzählungen reagieren* vor sich. Die andere Gruppe hat die Bücher
geschlossen. Lesen Sie den Anfang eines Redemittels *Wichtigkeit ausdrücken*
vor, der TN aus der zweiten Gruppe, der am schnellsten eine Fortsetzung
nennt, erhält ein Streichholz. Ein TN aus der ersten Gruppe reagiert auf
den Satz mithilfe eines Redemittels und erhält ebenfalls ein Streichholz
dafür. Am Schluss sollte jeder ein Streichholz haben. Dann tauschen die
Gruppen ihre Rollen. Diesmal werden die Streichhölzer abgegeben.

Die TN überlegen sich, was ihnen in ihrer Jugend besonders wichtig war.
Die Fragen aus Aufgabe a helfen bei der Strukturierung. Die TN suchen
sich drei Redemittel aus *Wichtigkeit ausdrücken* aus und formulieren die
drei gewählten Satzanfänge konkret aus, sodass sie fertige „Vorlagen" für
das anschließende Gespräch haben. In Kleingruppen liest ein TN eine
Frage aus a vor und ein anderer die dazu passende Antwort aus a. Dann
reagieren sie selbst auf die Frage mithilfe der Redemittel, indem sie
kommentieren und von ihrer eigenen Jugend erzählen.

Tipp: Spielen Sie Musik, während die TN durch den Raum laufen. Wenn
Sie die Musik stoppen, sprechen die TN mit der Person, die am nächsten
steht. Nach einiger Zeit läuft die Musik weiter usw. Dabei können die
TN, auch mehrmals über die gleichen Aussagen sprechen, da sie sich mit
verschiedenen Personen austauschen. Auf diese Weise bekommen sie
mehr Sicherheit im Gespräch, das Sprechen wird flüssiger. Die TN sind
häufiger aktiv beteiligt, als wenn sie in Kleingruppen über längere
Phasen hinweg nur zuhören.

Extra: Präsentationen spielen in vielen Bereichen, z.B. an der Universität, im Beruf und auch in einigen Prüfungen, eine wichtige Rolle. Verteilen Sie zur Übung von Kurzpräsentationen die Kopiervorlage. Diese
eignet sich auch, um die TN auf das Goethe-Zertifikat B1 vorzubereiten.
Eine weitere Hilfestellung sind die Redemittel zur Präsentation, die die
TN in *Menschen B1*, Lektion 9, kennengelernt haben. Geben Sie den TN 10
bis maximal 15 Minuten Zeit, sich vorzubereiten. In Partnerarbeit
präsentieren beide TN nacheinander das Thema. Erinnern Sie sie daran,
dass sie sich gegenseitig Feedback geben und Fragen stellen sollen. Die
Präsentation sollte jeweils nicht länger als etwa drei Minuten dauern.

8	PL	a Die TN setzen sich bequem hin und schließen die Augen. Sie hören die Fragen und reisen gedanklich und bildlich in ihre Jugendzeit.	CD 2.20	
	EA	b Die TN machen sich mithilfe der Fragen aus a Notizen.		
	EA	c Die TN schreiben einen Text über ihre Reise. Da hier vielleicht sehr persönliche Texte entstehen, entscheiden die TN selbst, ob sie ihren Text zur Korrektur abgeben, von einer Partnerin / einem Partner korrigieren lassen möchten oder für sich behalten. Wer möchte, kann seinen Text auf der Lernplattform (Moodle) einstellen, sodass er von den anderen kommentiert werden kann. Tipp: Hier bietet sich auch die Schreibwerkstatt an, siehe den Tipp zu Lektion 15 (Seite 29).		

	FORM	ABLAUF	MATERIAL	ZEIT
1	PA, PL (GA)	a Die TN schreiben zu zweit ein Gespräch zu dem Foto. Anschließend spielen einige freiwillige Paare ihr Gespräch dem Plenum vor. Das Kursbuch kann als Katalog dienen. Bilden Sie alternativ zwei Großgruppen: Die Paare spielen das Gespräch ihrer Gruppe vor.		
	PL	b Die TN hören das Gespräch. Kurzer Vergleich und Gespräch über die Vermutungen der TN.	CD 2.21	
2	PA	Die TN gehen im Kursraum umher und unterhalten sich mit wechselnden Partnern darüber, inwiefern sie sich für Museen und Kunst interessieren. Zusätzlich können sie von ihrem letzten Museumsbesuch erzählen.		
		Extra: In D-A-CH-Kursen recherchieren die TN zu zweit, welche (Kunst-)Museen es am Kursort oder in der Nähe gibt, und stellen sie vor. Die Kurzpräsentationen könnten verteilt während der Arbeit an der Lektion und/oder am Ende gehalten werden.		
3	PA, PL	Zu zweit beschreiben die TN mithilfe des Bildlexikons das Bild von Gabriele Münter und äußern ihre Meinung zum Bild.	ggf. Kunstkalender oder Kunstpostkarten	
		Zusätzlich können die Paare über ihre Lieblingsbilder sprechen und diese beschreiben. Falls möglich, zeigen die TN ihr Bild mit dem Smartphone. Bringen Sie alternativ oder zusätzlich Kunstkalender oder Kunstpostkarten mit und hängen Sie diese wie in einer Ausstellung im Kursraum aus. Die Paare gehen von Bild zu Bild und sprechen wie oben darüber.		
		Extra: Zeigen Sie den TN für eine Minute ein Bild eines Kunstkalenders. Die TN notieren dann eine Minute, was sie auf dem Bild gesehen haben. Der TN, der die meisten Stichwörter notiert hat, liest diese langsam vor. Die anderen kontrollieren, ob das auf dem Bild zu sehen ist.		
		Tipp: Kunstpostkarten u.ä. eignen sich gut, wenn zwischendurch die Adjektivdeklination wiederholt bzw. geübt werden soll. Die TN beschreiben das Bild möglichst genau unter Verwendung von Adjektiven.		
4	PL, EA	a Fragen Sie, wer Gabriele Münter bzw. Wassily Kandinsky kennt. Die TN berichten, sofern möglich, was sie wissen. Dann überfliegen sie die Biografie und ergänzen die passenden Überschriften. Anschließend Kontrolle.		
		Lösung: (chronologisch) Reise in die USA; Ausbildung; Beziehung zu Kandinsky; Leben in Murnau; Schwierige Jahre; Späte Anerkennung		
	EA	b Die TN lesen noch einmal und ergänzen den Steckbrief. Damit die TN knapp formulieren, hängen Sie vorher vorbereitete Zettel mit Worthilfen aus: *umziehen → der Umzug	besuchen → der Besuch	gründen → die Gründung	sterben → der Tod	schenken → die Schenkung	reisen → die Reise	ausstellen → die Ausstellung	nicht ausstellen dürfen → das Ausstellungsverbot	kaufen → der Kauf	zurückgehen → die Rückkehr	fliehen → die Flucht.* Oder bereiten Sie die Zettel mit den Verben vor und erarbeiten Sie mit den TN gemeinsam die passenden Nomen. Anschließend hängen Sie die Zettel im Kursraum aus. Denn die TN brauchen in c noch den Rücktransfer vom Nomen zum Verb.	Worthilfen	

	PA, EA	c Die TN vergleichen zu zweit und erzählen abwechselnd anhand ihrer Notizen Gabriele Münters Leben nach. Hilfe finden sie im Kommunikationskasten. Zeigen Sie parallel dazu die Lösung auf Folie/IWB. *Lösung:* 1897 Besuch der Damenkunstschule in Düsseldorf 1899–1900 … Reise in die USA 1902 Umzug nach München; sie lernt Kandinsky kennen 1903 Heiratsantrag von Kandinsky 1908 … zusammen nach München 1909 Kauf des „Russenhauses" in Murnau 1911 Gründung der Künstlergruppe „Der blaue Reiter" 1914 … Flucht mit Kandinsky nach Stockholm 1916 Kandinsky verlässt Münter und kehrt nach Russland zurück 1925 Umzug nach Berlin 1927 lernt Johannes Eichner kennen 1931 Umzug mit Eichner nach Murnau 1937–1945 … versteckt viele Bilder von Kandinsky 1949 Ausstellung des „Blauen Reiters" in München 1957 Münter schenkt der Stadt München über 80 Bilder von Kandinsky und anderen Künstlern des „Blauen Reiters" sowie eigene Werke Zusätzlich formulieren die TN anhand des Steckbriefes die Biografie schriftlich aus. Achten Sie darauf, dass die TN den Originaltext abdecken und eigenständig formulieren. Extra: Um noch einmal das Umformulieren zu üben, verteilen Sie die Kopiervorlage. Die TN formulieren mit Nominalisierungen. Anschließend knicken die TN die ausführlicheren Sätze an der gestrichelten Linie nach hinten und sprechen mit der Partnerin / dem Partner, wobei sie die Redemittel aus c zu Hilfe nehmen und trainieren können.	Lösung von Aufgabe b auf Folie/ IWB, KV L17|4c	
5	EA, PL	a Die TN decken Aufgabe 5 mit einem Zettel ab und unterstreichen in 4a alle Ausdrücke mit *es*. Schreiben Sie in der Zwischenzeit die Tabelle an die Tafel. Die TN übertragen sie ins Heft und tragen zunächst allein die Ausdrücke aus dem Text ein. Anschließend Kontrolle. Diktieren Sie dann die im Text nicht vorkommenden Wendungen, die zusätzlich in 5a stehen. Die TN tragen sie an der passenden Stelle in ihrer Tabelle ein. Anschließend Kontrolle.		

Lösung: (die kursiven Wendungen finden sich im Text von 4a)

„es" in festen Wendungen	Tages- und Jahreszeiten	Wetter	Befinden
Es ist nicht leicht, ... (Z. 10)* *Es war damals noch nicht möglich, ... (Z. 22)** *Es entstehen ... (Z. 34 f.)* Es ist schwierig, ...* Es lohnt sich.*	*Es ist Sommer ... (Z. 29)* Es ist schon Abend/Nacht.	Es schneit/ regnet. Es ist sonnig/ neblig/... Es hat kurz vorher geregnet. Es war eher bewölkt. Es donnert und blitzt.	*Es geht ihr nicht gut (Z. 55).* *Es fällt ihr schwer, ... (Z. 56 f.)** Wie geht es Ihnen?

Ergänzen mit den TN ggf. weitere bekannte Ausdrücke mit *es*. Machen Sie deutlich, dass *es* nicht nur Stellvertreter für ein neutrales Nomen ist. *Es* repräsentiert auch das Subjekt, wenn kein anderes da ist, denn jeder Satz im Deutschen braucht ein Subjekt. Die TN markieren die Ausdrücke, die mit Infinitiv und *zu* oder *dass* benutzt werden (hier mit *). Anschließend Kontrolle.

PA, GA	b Die TN schlagen die Aktionsseite auf. Zu zweit schreiben sie zu zwei Zeichnungen Dialoge, in denen sie möglichst viele Ausdrücke mit *es* verwenden. Die Dialoge sollten so geschrieben werden, dass sie zu Satzstreifen bzw. einem Puzzle auseinandergeschnitten werden können. Die Puzzles werden mit einem anderen Paar getauscht, das die Dialoge wieder zusammensetzt. Anschließend kontrollieren die Paare gemeinsam. Sind eventuell neue sinnvolle Gespräche entstanden?	Papier, Scheren	

Alternativ können in Kursen mit vorwiegend lerngewohnten TN die Bilder ausgehängt werden. Die Paare machen zu jedem Bild spontane Mini-Gespräche, in denen sie möglichst viele Ausdrücke mit *es* verwenden.

Extra: Die Paare schreiben ein Fantasie-Gespräch, in dem sie möglichst viele Ausdrücke mit *es* unterbringen. Die zwei Gespräche mit den meisten Ausdrücken werden vorgestellt.

6	GA	a Die TN unterhalten sich über das Leben von Gabriele Münter.		
	GA, EA, PL, PA	b Die TN erzählen von Künstlern, die sie besonders beeindrucken oder beeindruckt haben, und begründen ihre Meinung. Es muss sich dabei nicht um Maler handeln, auch Schriftsteller, Musiker, Schauspieler etc. kommen infrage. Zusätzlich gestalten die TN zu ihrer Künstlerperson ein Plakat mit den wichtigsten Informationen und stellen es vor.	Plakate, Zettel, Klebeband, Streichhölzer, KV L17|6b	

		Extra: Jeder Künstlername wird auf einen Zettel geschrieben. Die Zettel werden gemischt und jedem TN wird ein Zettel auf den Rücken geklebt. Er muss den Künstlernamen erraten, indem er anderen Fragen stellt, die diese nur mit Ja oder Nein beantworten dürfen. Dazu erhält jeder TN fünf Streichhölzer. Für jedes Nein muss ein Streichholz abgegeben werden. Wer kann seinen Namen erraten, bevor alle fünf Streichhölzer weg sind? Besonders spannend wird es, wenn Sie Gabriele Münter, die nun alle kennen, mit ins Spiel nehmen und ggf. ein oder zwei weitere allgemein bekannte Personen. Dann bleiben einige Zettel verdeckt liegen, die TN wissen nun nicht genau, welche Künstler im Spiel sind.		
		Extra: In B1-Prüfungen müssen die TN häufig einen (halb-)formellen Brief oder eine (halb-)formelle E-Mail schreiben. Teilen Sie zur Übung ein Muster nach dem Goethe-Zertifikat B1 aus (Kopiervorlage). Die TN haben 15 Minuten Zeit, die E-Mail zu schreiben. Lassen Sie die TN zunächst in der vorgegebenen Zeit schreiben, sammeln Sie die Texte ein und korrigieren Sie sie. Besprechen Sie häufige Fehler, indem Sie eine eigene E-Mail schreiben, in die Sie diese Fehler einbauen. Die TN korrigieren diese E-Mail zunächst in Partnerarbeit, anschließend Kontrolle. Geben Sie erst danach die E-Mails der TN zurück. In Absprache mit dem jeweiligen TN können Sie auch eine gut gelungene E-Mail für alle kopieren und kurz im Plenum besprechen, damit alle eine Vorstellung von einer für die Prüfung ausreichenden E-Mail bekommen, achten Sie insbesondere auf den Textaufbau und die stilistische Adäquatheit.		
7	GA	a Die TN erfinden eine Künstlerbiografie und schreiben einen Steckbrief auf ein Plakat.	Plakate	
	PL	b Die Gruppen stellen anhand der Plakate ihre Künstlerin / ihren Künstler vor. Per Handzeichen oder mit Klebepunkten, welche die TN für die ihrer Meinung nach interessanteste Biografie vergeben, bewerten die TN die Künstlerbiografien.	Plakate, ggf. Klebepunkte	
		Extra: Veranstalten Sie ein Künstler-Quiz. Jeder überlegt sich eine allgemein bekannte Künstlerin / einen allgemein bekannten Künstler. Das können auch Kino- oder Popstars sein. Sie erzählen in der Ich-Perspektive aus dem Leben dieses Stars oder Künstlers. Die anderen raten, welche Künstlerin / welcher Künstler dargestellt wird. Wenn Sie sicher sein möchten, dass es nicht zu Überschneidungen kommt und die Künstler auch wirklich zu erraten sind, können Sie sich von allen ihren Star zuflüstern lassen und eine Liste der Künstler an die Tafel schreiben. Dann wird das Ratespiel auf diese Künstler und Stars begrenzt.		

	FORM	ABLAUF	MATERIAL	ZEIT
1	PA (PL)	Die TN sprechen zu zweit über das Einstiegsfoto. Zeigen Sie alternativ das Foto (Folie/IWB), die TN haben ihre Bücher geschlossen. Kursgespräch zum Foto.	ggf. Einstiegsfoto auf Folie/IWB	
2	PL	Schreiben Sie die Begriffe *BRD und DDR*, *Wiedervereinigung*, *deutsche Einheit* an die Tafel. Die TN erzählen kurz, was sie darüber wissen. Hilfe finden sie im Info-Kasten. Die TN hören die Rede und kreuzen an. Anschließend Kontrolle. *Lösung:* Ein Politiker hält eine Rede zum Jahrestag der Wiedervereinigung. Es geht um die Frage, ob die Versprechen dazu umgesetzt wurden. Landeskunde: Dr. Helmut Kohl war von 1982 bis 1998 Kanzler der Bundesrepublik Deutschland. Er versprach im Rahmen der Wiedervereinigung (1990) den Bürgern der ehemaligen DDR „blühende Landschaften", womit er eine positive wirtschaftliche Entwicklung meinte. Dieses Versprechen sehen viele als nach wie vor nicht eingelöst an. Der Ausdruck ist zu einem geflügelten Wort im deutschen Sprachgebrauch geworden. Sprechen Sie mit den TN auch darüber, ob sie im Heimatland schon einmal das Parlament besucht haben oder Parlamentssitzungen in den Medien verfolgen. Für Kurse in Deutschland: Waren die TN schon im Reichstagsgebäude in Berlin? Zeigen Sie Fotos davon.	CD 2.22, Fotos vom Reichstag in Berlin	
3	GA, PL	a In Kleingruppen notieren die TN auf Plakaten, was sie über Politiker und Parteien in Deutschland wissen. Die Plakate werden anschließend aufgehängt. Geben Sie den TN etwas Zeit, sich die Plakate anzusehen und darüber zu sprechen. Fragen Sie zusätzlich, welche politischen Themen in Deutschland (bzw. Österreich/Schweiz) gerade aktuell sind. Alternativ bilden die TN neue Gruppen mit je einem Experten aus den alten Gruppen. Die Gruppen wandern von Plakat zu Plakat. Der Experten aus der alten Gruppe erklärt den TN der neuen Gruppe das eigene Plakat. Extra: Bringen Sie verschiedene Zeitungen oder politische Magazine mit, die die TN sich in Bezug auf aktuelle Themen ansehen können.	Plakate, Filzstifte, Zeitungen, Magazine	
	EA, PL, GA	b Die TN ordnen die Parteien zu. Anschließend Kontrolle. *Lösung:* 1 SPD; 3 CDU; 4 CSU; 5 FDP; 6 Die Linke Extra: Die TN recherchieren in Kleingruppen die Kernthemen dieser Parteien. Dazu wählt jede Gruppe eine Partei aus und hält die Ergebnisse fest. Diese werden im Kurs präsentiert. Zusätzlich können die Gruppen zu der eigenen Partei ein Quiz erstellen, das die anderen Gruppen mithilfe des Plakats lösen müssen.		

4	EA/ PA, PL	a Die TN ordnen allein oder zu zweit mithilfe des Wörterbuchs den politischen Begriffen ihre Bedeutung zu. Anschließend Kontrolle. *Lösung:* 1 ist eine Staatsform, in der vom Volk frei gewählte Vertreter regieren. 2 wird von der Partei / den Parteien gebildet, die bei Wahlen die Mehrheit der Stimmen bekommt/bekommen. 3 sind alle Parteien, die im Parlament sitzen und nicht an der Regierung beteiligt sind. 4 können Bürger zum Beispiel bei Demonstrationen oder in Bürgerinitiativen zum Ausdruck bringen.	Wörter-buch	
	PL	b Die TN hören den Anfang der Reportage und kreuzen an. Anschlie-ßend Kontrolle. Fragen Sie die TN, wie sie das Interesse junger Menschen in Deutschland (Österreich/Schweiz) an Politik einschätzen. *Lösung:* 1 ein geringes; 2 ob das Interesse der Jugendlichen an Politik tatsächlich immer weiter sinkt.	CD 2.23	
	PL	c Initiieren Sie ein Gespräch über die Aussagen. Die TN überlegen, in welche Zeit die Aussagen passen, und begründen ihre Hypothesen. Sie ordnen Zeit und Aussagen zu – möglichst mit Bleistift. Dann hören sie die Fortsetzung der Reportage und überprüfen ihre Lösungen. Anschlie-ßend gemeinsame Kontrolle. *Lösung:* (von links nach rechts) 1980er-Jahre: 2; 1990er-Jahre: 3; seit einigen Jahren: 1	CD 2.24	
	EA, PL	d Die TN sehen sich das Bildlexikon an und markieren aus dem Gedächt-nis, für welche Themen sich Jugendliche in Deutschland interessieren. Dann hören sie die Reportage noch einmal und notieren. Anschließend Kontrolle. *Lösung:* Frieden; Bildung; Umwelt- und Tierschutz	CD 2.24	
	GA, PL	e In Kleingruppen sprechen die TN über ihr Interesse an Politik und die Themen, die ihnen wichtig sind. Hilfe finden sie im Bildlexikon. Sagen Sie den TN, dass sie sich notieren sollen, für welche Themen ihre Gesprächspartner/-innen sich interessieren. *Extra:* Da es oft für die TN nicht so leicht ist, einen Einstieg zu finden oder sich überhaupt zu Politik zu äußern, können Sie das Thema konkre-tisieren, indem Sie die Kärtchen der Kopiervorlage an die Kleingruppen verteilen. Ergänzen Sie gemeinsam mit den TN ggf. aktuelle Themen bzw. Themenbereiche. Die Kärtchen werden auf den Tisch gelegt, ein Kärtchen wird aufgedeckt und die TN erzählen reihum, inwieweit sie sich für dieses Thema interessieren, was sie daran (nicht) interessiert usw. Sie begründen ihre Meinung. Die TN machen sich dabei Notizen, wer sich für welche Themen interessiert. Das kann auch eine einfache Tabelle sein. Zusätzlich können die TN berichten, wie und wo sie sich über Politik informieren.	KV L18|4e	

		Wiederholen Sie im Anschluss kurz die zweiteiligen Konjunktionen, die bereits aus Lektion 15 bekannt sind, indem Sie zu jeder Konjunktion (*nicht nur ..., sondern auch, sowohl ... als auch*) ein Beispiel aus der Reportage notieren, z.B. *Jugendliche in Deutschland interessieren sich <u>sowohl</u> für Umwelt <u>als auch</u> für Bildung. Für viele ist <u>nicht nur</u> Frieden, <u>sondern auch</u> Tierschutz wichtig.* Dann berichten die TN mithilfe ihrer Notizen, wofür die anderen sich interessieren, und verwenden die Konjunktionen.		
5	EA, PL, GA	a Die TN ordnen die zweiteiligen Konjunktionen zu. Hilfe finden sie im Grammatikkasten. Anschließend Kontrolle. *Lösung:* (von oben nach unten) entweder ... oder; Weder ... noch; Zwar ..., aber Zweiteilige Konjunktionen verbinden Satzteile oder Sätze. Weisen Sie die TN auf die Kommaregeln hin: Verbinden die Konjunktionen ganze Sätze, setzt man in der Regel ein Komma, bei *entweder ... oder* kann man ein Komma setzen, muss aber nicht. Verbinden die Konjunktionen Satzteile, muss nur bei *zwar ..., aber* ein Komma gesetzt werden. In Kleingruppen schreiben die TN weitere Sätze mithilfe ihrer Notizen aus 4e.		
	EA, PA, PL, GA	b Die TN schlagen die Aktionsseite auf. Zunächst verbinden die TN die Beispielsätze in a. Alternativ liest ein TN den ersten Teil vor, die Partnerin / der Partner sucht die passende Antwort. Dadurch schleifen sich die zweigliedrigen Konjunktionen besser ein. Dabei können mehrere Durchgänge gemacht werden. Anschließend Kontrolle. *Lösung:* a) 1 noch für die CDU. 2 als auch für Bildung. 3 oder die Grünen. 4 sondern auch über ihr Sozialverhalten herausfinden wollen. 5 aber sie engagieren sich nicht in Parteien. Dann bearbeiten die TN Aufgabe b. Anschließend Kontrolle. *Lösung:* b) 1 noch; 2 zwar, aber; 3 entweder, oder Die TN zeichnen selbst in Partnerarbeit. Sie tauschen die Zeichnungen mit einem anderen Paar, das dazu Sätze schreibt. Danach kontrollieren die Paare gemeinsam. Variante: Die Paare können in ihren Zeichnungen auch andere Themen als Politik ansprechen, besonders nicht so geübten TN wird das leichter fallen. Extra: Die TN arbeiten in Vierergruppen. Verteilen Sie die Kärtchen der Kopiervorlage so, dass jeder TN einen Satz Kärtchen mit Konjunktionen hat und jede Kleingruppe einen Satz Kärtchen mit Beispielsätzen. Die Lösung auf den Kärtchen wird nach hinten geknickt. Die Beispielkärtchen werden gemischt und unter ein Buch gelegt. Ein TN zieht einen Satz und legt ihn in die Mitte. Alle TN in der Gruppe legen nun verdeckt eine Konjunktionen-Karte vor sich. Erst wenn alle gelegt haben, werden die Karten umgedreht. Die TN kontrollieren zuerst selbst, welche Konjunktion am besten passt, indem jeder TN „seinen" Satz sagt. Erst dann darf die Lösung angesehen werden.	KV L18|5b	

6	EA, PA, PL	Die TN lesen die Fragen und den Text. Dann decken sie den Text mit dem Heft ab. Zu zweit sprechen sie über die Antworten. Anschließend Kontrolle im Plenum, wobei die TN die Antworten möglichst frei formulieren sollten. Fragen Sie ggf. bei Formulierungen, die die TN aus dem Text übernehmen, nach Umschreibungen bzw. Bedeutungserklärungen.	Textkopien, Streichhölzer, KV L18|6	
		Tipp: Um zu vermeiden, dass TN einfach Formulierungen aus einem Lesetext übernehmen, geben Sie den TN die Fragen vor. Die Bücher sind geschlossen. Hängen Sie für jeden TN eine Kopie des Textes im Kursraum auf. Jeder TN hat vier Streichhölzer an seinem Platz liegen. Die TN lesen zunächst die Fragen, gehen auf Ihr Zeichen hin zum Text und lesen ihn so oft, wie sie es als notwendig empfinden. Dann gehen sie zu ihrem Platz zurück und beantworten die Fragen. Wer noch einmal zum Text gehen möchte, um etwas nachzulesen, muss dafür ein Streichholz abgeben. Jeder TN kann also maximal viermal etwas nachlesen. In Kursen mit überwiegend lerngewohnten TN sollten Sie weniger Streichhölzer ausgeben.		
		Lösung: a In manchen Bereichen nähern sich die Parteien stark einander an. b In den Parteiprogrammen. c Dem, der am Ende nicht einfach die Partei wählen möchte, die man schon immer gewählt hat, oder den sympathischsten Kandidaten. d Kurz vor den Wahlen werden aktuelle Themen und Probleme zusammengestellt. Die Parteien antworten darauf. Der Nutzer klickt seine eigene Meinung dazu an und der Wahl-O-Mat® vergleicht diese mit denen der Parteien. So erhält der Nutzer am Ende den Namen der Partei, mit der er am ehesten übereinstimmt.		
		Extra: Um das Textverständnis zu vertiefen, verteilen Sie die Kopiervorlage. Die TN korrigieren die falschen Wörter und vergleichen anschließend mit dem Text im Buch.		
		Fragen Sie die TN, wie sie die Idee eines Wahl-O-Maten® finden. Gibt es etwas Vergleichbares im Heimatland? Haben die TN schon mal ein Parteiprogramm gelesen? Wo findet man Infos zu den Parteien im Heimatland? usw.		
7	PL, EA	a Erklären Sie den Begriff *Ehrenamt* (eine meist soziale Tätigkeit ohne Bezahlung). Die TN überfliegen die Umfrage und kreuzen an, wer sich ehrenamtlich engagiert. Anschließend Kontrolle.		
		Lösung: ja: Richard Dobel, Jens Krämer, Sofie Witthoeft, Ingrid Pichler; nein: Tobias Mattsen		

EA/ PA, PL	b Allein oder zu zweit ergänzen die TN mithilfe der Informationen aus dem Text die Tabelle. Anschließend Kontrolle.		

Lösung:

Wer?	Was macht die Person?	Für welche Organisation?	Warum?
Richard Doebel	liest den Kindern Bücher vor	die Lesefüchse	Vorlesen ist wichtig, damit die Kinder später selbst gern lesen
Tobias Mattsen	nichts	-	keine Zeit
Jens Krämer	trainiert die Fußballmann-schaft seines Sohnes	-	es macht Spaß
Sofie Witthoeft	Aufräumaktionen, demonstriert für Umweltprojekte	verschiedene	die Umwelt liegt ihr am Herzen
Ingrid Pichler	bringt Kindern spielerisch Deutsch bei	„Paten-schaften"	-

EA, PL, GA	c Die TN bearbeiten die Aufgabe wie im Buch angegeben. Anschließend Kontrolle.	KV L15|3, KV L18|7c, ggf. Wörter-buch

Lösung: heit → die Freiheit; heit → die Zufriedenheit; -ent → der Student / die Studentin; -ant → der Demonstrant / die Demonstrantin

Nomen auf *-heit, -keit* haben immer den Artikel *die*, Nomen auf *-ismus* immer *der*. Die TN nennen weitere ihnen bekannte Nomen mit diesen Endungen. Wiederholen Sie ggf. die n-Deklination der Nomen auf *-ent* und *-ant*, die aus Lektion 1 bereits bekannt ist, oder setzen Sie die Kopier-vorlage zu Lektion 15, Aufgabe 3, (noch einmal) ein. Wiederholen Sie auch Nomen mit der Endung *-ung*, durch die Verben nominalisiert werden können, z.B. *meinen → die Meinung*, sowie die Endung *-er*, z.B. *schreiben → der Schreiber* (vgl. *Menschen A2*, Lektion 3).

Extra: Verteilen Sie an jede Kleingruppe einen Satz Dominokarten. Die Kleingruppen spielen nach den bekannten Regeln. Wenn die TN sich unsicher sind, schlagen sie im Wörterbuch nach.

8	EA, PA (PA, GA)	Die TN schlagen die Aktionsseiten auf. Bei dieser Aufgabe arbeiten die TN in Partnerarbeit, aber auf verschiedenen Seiten im Buch. Das heißt: Die Partner haben unterschiedliche Informationen. Zunächst schreibt jeder TN für sich Erklärungen zu den Wörtern seines Kreuzworträtsels. Um TN, die noch nicht mit *Menschen* Deutsch gelernt haben, das Prinzip zu ver-deutlichen, geben Sie zuerst ein Beispiel. Dann fragen sich die Partner gegenseitig nach den Erklärungen für die fehlenden Wörter und ergänzen die Wörter in ihrem Rätsel. Lernungewohnte TN können die Erklärungen in Partnerarbeit schreiben und arbeiten anschließend zu viert. Alternativ erstellen die TN selbst ein Kreuzworträtsel zum Wortschatz der Lektion.	

9	GA/PL	Die TN berichten über ihre Erfahrung mit sozialem Engagement. Dieses Thema eignet sich auch gut für eine Präsentation, wie sie in der mündlichen Prüfung des Goethe-Zertifikats B1 vorkommen könnte: „Ich helfe Ihnen!" Sollen Menschen sich ehrenamtlich engagieren?		
10	GA	a Erklären Sie den Begriff *Bürgerinitiative*. Die TN überlegen sich in Gruppen ein Thema für ihre Bürgerinitiative sowie einen Namen. Auf einem Plakat halten sie Aufgaben und Forderungen fest. Landeskunde: Bürgerinitiativen sind ein basisdemokratisches Instrument, mit dem Bürger auf ein bestimmtes Problem aufmerksam machen und Einfluss auf die öffentliche Meinung und die Politik nehmen können. Häufig angewendete Mittel sind Unterschriftensammlungen, Demonstrationen, Gespräche mit Medien etc.	Plakate	
	PL	b Die TN sammeln passende Redemittel zur Meinungsäußerung.	Plakate, Klebe-punkte	

		Die Gruppen stellen ihre Bürgerinitiativen vor. Nach jeder Präsentation wird mit der „Bürgerinitiative" diskutiert. Die gesammelten Redemittel helfen. Mit Klebepunkten markieren die TN anschließend die Bürgerinitiativen, in denen sie sich engagieren würden. Auswertung im Plenum. Variante: Zwei oder drei Gruppen, je nach Kursgröße, hängen ihr Plakat im Kursraum auf. Die anderen TN gehen wie Passanten herum und lassen sich von den Gruppenmitgliedern der zwei bzw. drei Bürgerinitiativen ansprechen. Die „Mitglieder der Bürgerinitiative" stellen ihre Initiative mithilfe des Plakates vor und diskutieren mit den „Passanten". Natürlich dürfen die „Passanten" auch weitergehen und sich von einer anderen Initiative ansprechen lassen. Geben Sie eine Zeit vor. Danach stellen zwei bis drei andere Gruppen ihre Initiative vor.		
11	EA	a Die TN lesen die Aussagen und notieren ihre Haltung dazu (Argumente, Begründungen). Zusätzlich schreiben lerngewohnte TN ein oder zwei weitere Forderungen auf.		
	GA	b Die TN sitzen in Kleingruppen zusammen. Jeder TN schreibt die Redemittel aus a auf Kärtchen, wobei jeder TN seine Kärtchen in einer anderen Farbe schreiben sollte. Die Kärtchen werden in die Mitte gelegt und so sortiert, dass gleiche Sätze zusammenliegen. Die TN diskutieren die Aussagen im Buch und benutzen dabei die Redemittel. TN, die ein Redemittel angewendet haben, nehmen die Karte in „ihrer" Farbe an sich. Ziel ist es, dass am Schluss möglichst jeder alle seine Kärtchen wieder hat. Neue Aussagen der TN aus a werden anschließend ohne das Hilfsmittel Kärtchen diskutiert.	Kärtchen, Buntstifte	

Lesemagazin

FORM	ABLAUF	MATERIAL	ZEIT
1 EA, PL	Die TN lesen den Text und ergänzen die Tabelle in Stichworten. Anschließend Kontrolle. *Lösung:* <table><tr><td></td><td>Wie wird das Gut Stellshagen genutzt?</td><td>Wer wohnt dort?</td></tr><tr><td>1946–1989</td><td>als Schule</td><td>zuerst Amerikaner, dann Russen, eine Weile: Franz Bach junior</td></tr><tr><td>1989–1994</td><td>keine Nutzung</td><td>niemand</td></tr><tr><td>1994–1996</td><td>1996 Wiedereröffnung als Hotel</td><td>Lore, ihre Tochter (Heilpraktikerin aus Hamburg) und ihre Familie</td></tr><tr><td>seit 1996</td><td>Bio-Hotel</td><td>Lores Tochter und ihre Familie, Lore, Hotelgäste</td></tr></table> Tipp: Auch hier eignet sich das Lesen mit Streichhölzern (vgl. Tipp Seite 46). Die Bücher sind geschlossen. Die TN sehen sich zunächst die Tabelle an. Auf Ihr Zeichen hin gehen die TN zu den ausgelegten Texten und lesen. Dazu haben sie vier bis fünf Minuten Zeit. Wenn Sie *Stopp* rufen, gehen die TN zu ihrem Platz und ergänzen die Tabelle. Wer noch einmal etwas nachlesen möchte, muss ein Streichholz dafür abgeben. Die Tabelle bleibt auf dem Platz liegen. Anschließend gemeinsamer Vergleich der Tabelle.	ggf. Kopien des Textes sowie der Tabelle, Streichhölzer	
2 GA/PL	Die TN erzählen, ob sie gern auf Gut Stellshagen übernachten würden. Was würden sie von dem Wochenende erwarten? Was interessiert sie besonders? Fragen Sie auch, ob die TN schon einmal in einem „Haus mit Geschichte" waren oder sogar gelebt haben. Was können sie darüber berichten?		

Film-Stationen

FORM	ABLAUF	MATERIAL	ZEIT
1 EA, PL	a Die TN sehen sich die Fotos an und spekulieren über die Lösung der Aussagen. Sie markieren zunächst mit dem Bleistift. Bitten Sie auch um eine Begründung für die Lösungsvorschläge.		
PL	b Die TN sehen den Anfang des Films (bis 0:50) und vergleichen mit ihren Vermutungen. *Lösung:* 1 Rentner; 2 sein neues Hobby; 3 bringt Menschen zusammen, die Hilfe brauchen und anbieten.	Clip 6	

2	PA	a Zu zweit sammeln die TN Ideen zu den Angeboten der Nachbarschaftshilfe.		
	PL	b Die TN sehen den Film (ab 0:51) bis zum Ende und vergleichen mit ihren Vermutungen.	Clip 6	
	EA, PL	c Die TN versuchen zunächst, die Sätze aus dem Gedächtnis zu korrigieren. Dann sehen sie den Film noch einmal (ab 0:51) und vergleichen, bzw. korrigieren. Anschließend Kontrolle.	Clip 6	
		Lösung: 1 ~~jeden Vormittag~~ dienstags und donnerstags von 10 bis 12 Uhr; 2 ~~ihre Einkäufe telefonisch~~ für ihre Einkäufe eine Begleitung; 3 ~~viele~~ keine; 5 ~~viele~~ wenige; 6 ~~Helfenden~~ Hilfesuchenden; 7 ~~Rentnern~~ Menschen mit ein bisschen Zeit		
3	GA	Die TN diskutieren über die Initiative. Wie finden sie die Idee? Könnten sie sich eine Mitarbeit vorstellen? Warum (nicht)? Kennen sie ähnliche Projekte? usw.		

Projekt Landeskunde

	FORM	ABLAUF	MATERIAL	ZEIT
1	PL, EA	Bereiten Sie vorab Karten mit folgenden Begriffen vor: *SPD, CDU, Bundeskanzler, lebte in der BRD, lebte in der DDR, Bundespräsident, Friedensnobelpreis, Literaturnobelpreis, Schauspieler, Fall der Berliner Mauer ist sehr wichtig für ihn, ein Spion, baut die Berliner Mauer.* Die Bücher sind zunächst geschlossen. Verteilen Sie die Karten im Kursraum. Schreiben Sie *Willy Brandt* an die Tafel. Die TN heften die Karten an die Tafel, von denen sie meinen, dass sie zu der Person passen. Anschließend erzählen die TN ggf., was sie über Willy Brandt wissen.	Karten	
		Die TN lesen den Text und ordnen die Überschriften zu. Anschließend Kontrolle und Vergleich mit den zugeordneten Karten an der Tafel.		
		Lösung: (von oben nach unten) Kindheit und Jugend in Lübeck; Widerstand und Exil; Politischer Aufstieg; Politik ohne Staatsamt		
2	EA/ PA	a Die TN suchen sich eine Politikerin / einen Politiker aus einem deutschsprachigen Land aus und recherchieren ihren/seinen Lebenslauf. Schreiben Sie alternativ die Namen einiger wichtiger Politikerinnen und Politiker an und bitten Sie die TN, aus dieser Liste zu wählen (z.B. Otto von Bismarck, Konrad Adenauer, Ludwig Erhard …). Politiker, die „vergeben" sind, werden durchgestrichen.		
	PL (EA)	b Die TN präsentieren ihre Politikerin / ihren Politiker im Kurs oder alternativ auf der Lernplattform (Moodle), z.B. mit einem Glossar-Eintrag. Die TN erzählen auch, welche Person sie am eindrucksvollsten finden.		

Ausklang

	FORM	ABLAUF	MATERIAL	ZEIT
1	EA, PL	Die TN lesen den Liedtext und ergänzen die fehlenden Wörter. Anschließend hören sie das Lied und kontrollieren. *Lösung:* (von oben nach unten) unterhalten; Welt; passt; waschen; Wahl	CD 2.25	
2	PA, GA	Die TN ergänzen zu zweit die Tabelle wie im Buch angegeben. Anschließend Vergleich in Kleingruppen.		
3	GA, EA, PL	Die TN unterhalten sich in Gruppen darüber, was ihrer Ansicht nach früher besser bzw. schlechter war. Was gefällt den TN heute gut bzw. nicht so gut? Extra: Veranstalten Sie einen kleinen Wettbewerb. Die TN üben für sich, den Liedtext (ohne Refrain) möglichst schnell zu lesen. Anschließend dürfen freiwillige TN den Text im Plenum vortragen und die Zeit wird gestoppt. Der TN, der es am schnellsten und dabei fehlerfrei kann, bekommt eine Süßigkeit als Preis. Bei dieser Übung geht es einerseits um den Spaß am Wettbewerb, andererseits prägen sich Wendungen aus dem Lied ein, die für kommunikative Situationen nützlich sind (z.B. *Ich habe die Qual der Wahl*). Darüber hinaus ist es ein gutes Training der Aussprache.	Süßigkeiten als Preise	

FORM	ABLAUF	MATERIAL	ZEIT
1 PA (PL)	Die TN sehen sich das Foto an und überlegen zu zweit, wo die Frau ist und was passiert. Zeigen Sie alternativ das Foto (Folie/IWB), die TN haben ihre Bücher geschlossen. Kursgespräch zum Foto.	ggf. Foto auf Folie/ IWB	
2 PL, EA	Die TN hören das Hörbild, lesen den Text und beantworten die Fragen. Anschließend Kontrolle und Vergleich mit ihren Vermutungen in 1. *Lösung:* a das Heideblütenfest in Schneverdingen; b Heidekönigin; c die Lüneburger Heide bei Veranstaltungen in Deutschland vertreten Die TN überlegen, warum eine Heidekönigin gewählt wird (Werbung der Gemeinde für ihre Region als Urlaubsziel). Sie können ggf. auch berichten, wie ihr Heimatort für sich wirbt. Interessierte TN recherchieren rasch, was für Königinnen noch in Deutschland bzw. D-A-CH gewählt werden, und stellen ihre Ergebnisse kurz vor (*Weinköniginnen, Kartoffelköniginnen ...*).	CD 3.01	
3 GA, PL (PA)	Extra: Die TN spielen in Kleingruppen das Memo-Spiel (Kopiervorlage). Dazu ist es nötig, dass Sie oder die TN zunächst auf Leerkarten die Begriffe aus dem Bildlexikon notieren – ohne Artikel. Nutzen Sie dazu ggf. das Format der leeren Kärtchen der Kopiervorlage. Verteilen Sie zunächst nur den Bildkartensatz A an jede Gruppe. Die Karten werden mit den selbst geschriebenen Wortkarten gemischt und ausgelegt. Nun sehen die TN sich eine Minute lang das Bildlexikon im Buch an und prägen sich die Wörter ein. Dann schließen sie die Bücher und spielen das Memo-Spiel nach den bekannten Regeln. Wenn ein TN ein passendes Kartenpaar hat, darf er es nur behalten, wenn er auch den richtigen Artikel nennen kann. Ist der Artikel falsch, müssen die Karten wieder umgedreht werden. Nach der ersten Runde erhalten die Kleingruppen zusätzlich den Bildkartensatz B und eine entsprechende Anzahl Leerkarten. Zur Wiederholung überlegen die Gruppen zunächst, was auf den Bildern zu sehen ist. Bei der Kontrolle im Plenum schreiben die TN dann die entsprechenden Begriffe auf die Leerkarten und malen zusätzlich die richtigen Artikelpunkte auf. Dann spielen sie das Memo-Spiel mit beiden Kartensätzen. Das Spiel kann auch später zur Wiederholung eingesetzt werden. Die TN wählen einen Begriff aus dem Bildlexikon und beschreiben ihn. Wer den Begriff als Erstes errät, ist als Nächstes dran. Alternativ suchen sich die TN zu zweit vier Begriffe aus dem Bildlexikon aus und schreiben dazu eine Wort-Erklärung auf Kärtchen. Zusätzlich können die Begriffe zum Wortfeld „Landschaft" von Bildkartensatz B genutzt werden (vgl. Kopiervorlage). Es werden für diese ebenfalls Erklärungen geschrieben. Sammeln Sie die Kärtchen ein, mischen Sie sie und nummerieren Sie sie durch. Dann legen Sie sie im Kursraum aus. Die TN gehen mit ihrem Heft herum, lesen die Erklärungen und notieren die passenden Begriffe mit der Nummer in ihrem Heft. Lernungewohnte TN gehen zu zweit herum und können sich beraten. Anschließend Kontrolle mithilfe der Nummern (*1 = Wolle* usw.). Die Erklärungen können zu einem späteren Zeitpunkt noch einmal zur Wiederholung eingesetzt werden oder Sie machen ein Kreuzworträtsel daraus.	KV L19|3, Kärtchen, Postkarten, Bilder	

		Tipp zur Wortschatz-Arbeit: Die TN erhalten in drei oder vier Teile zerschnittene Postkarten oder Bilder von Landschaften, jeder TN erhält einen Teil. Die TN beschreiben ihren Teil und versuchen dadurch, die Personen zu finden, die einen zu ihrer Postkarte / zu ihrem Bild passenden Teil haben. Die Teile dürfen nicht gezeigt werden.		
4	EA, PL	Die TN lesen und beantworten die Fragen zur Einladung. Anschließend Kontrolle. *Lösung:* a eine Landschaft in Norddeutschland zwischen Hamburg, Hannover und Bremen; b Vertreterinnen und Vertreter von Presse, Rundfunk und Fernsehen; zur Krönung der Heidekönigin und zur anschließenden Pressekonferenz Landeskunde: Die TN suchen die Orte der Königinnen, die die TN in Aufgabe 2 gefunden haben, auf einer D-A-CH-Karte. So lernen sie z.B. Weinanbau- oder Kartoffelanbaugebiete innerhalb von D-A-CH kennen. Denn die Königinnen stehen in der Regel für eine regionale Besonderheit.	topografische Karte von D-A-CH	
5	EA, PL	a Die TN markieren zunächst drei Themen, von denen sie glauben, dass diese von der Heidekönigin angesprochen werden. Regen Sie ggf. einen kurzen Vergleich und ein Gespräch darüber an: Was spricht für die Hypothesen der TN? Sind alle der gleichen Meinung? Dann hören die TN die Rede der Heidekönigin und kreuzen die tatsächlichen Themen der Rede an. Anschließend Kontrolle und Vergleich mit den Erwartungen. *Lösung:* eigene Biografie; Entstehung der Heidelandschaft; Pflege der Heidelandschaft; Urlaubsmöglichkeiten	CD 3.02	
	PL	b Die TN hören den ersten Teil der Präsentation noch einmal. Sie kreuzen die richtigen Sätze an und korrigieren die falschen. Anschließend Kontrolle. *Lösung:* 2 ~~Ende~~ Anfang; 3 richtig; 4 richtig; 5 richtig	CD 3.03	
	EA, PL	c Die TN sehen sich den Grammatikkasten an, markieren die Verben und kreuzen die Regeln an. Anschließend Kontrolle. *Lösung:* Je mehr Menschen sich <u>engagieren</u>, desto besser <u>kann</u> der Verein seine Arbeit <u>machen</u>. = Immer mehr Menschen <u>engagieren</u> sich. → Der Verein <u>kann</u> seine Arbeit immer besser <u>machen</u>. Nach *je* + Komparativ steht das Verb am Ende. Nach *desto/umso* + Komparativ steht das Verb an Position 2. Wiederholen Sie bei Bedarf kurz den Komparativ. Machen Sie den TN bewusst, dass *je* einen Nebensatz einleitet, *desto/umso* einen Hauptsatz. Notieren Sie bei Bedarf weitere Beispiele zum Thema an der Tafel, z.B. *Je mehr Vertreter der Medien kommen, desto bekannter wird die Lüneburger Heide. Je größer die Konkurrenz der Bauern wurde, desto ...*		

PA, GA	d Die TN schlagen die Aktionsseite auf. Zu zweit schreiben sie fünf Sätze mit *je … desto/umso …* auf Kärtchen. Dann arbeiten drei Paare zusammen. Ein Paar liest einen Satzanfang vor, die anderen beiden Paare versuchen, möglichst schnell zu ergänzen. Das schnellste Paar bekommt das Kärtchen, sofern der Satz sinnvoll ist. Es geht nicht darum, den Satz auf dem Kärtchen zu erraten. Wiederholung: Nutzen Sie auch die anderen zweiteiligen Konjunktionen, die die TN kennen. Die TN schreiben zu zweit mit den Beispielen der Aktionsseite Sätze zu diesen Konjunktionen und spielen mit zwei anderen Paaren wie oben. Da das eine recht anspruchsvolle Variante ist, sammeln Sie mit lernungewohnten TN vorab Beispiele an der Tafel. Extra: Verteilen Sie je einen Satz Adjektiv-Kärtchen der Kopiervorlage an zwei TN. In Kursen mit überwiegend lernungewohnten TN können diese zunächst zusammen den Komparativ der Adjektive notieren. Die Paare mischen die Adjektive und teilen sie gleichmäßig unter sich auf. Der erste TN legt ein Adjektiv in die Mitte, der zweite legt ein zweites dazu. Gemeinsam versuchen sie, mit diesen Wörtern einen Satz mit *je … desto* zu bilden. Wem es zuerst gelingt, der bekommt die Karten und legt sie zur Seite. Gewinnauswertung einmal anders: Am Ende zählen die TN alle z.B. den Buchstaben *e* (oder *a, ä, l* usw.) auf ihren Karten. Gewonnen hat, wer den Buchstaben am häufigsten hat.	Kärtchen, KV L19|5d	
6 PL, EA	a Die TN lesen die Fragen und hören die Präsentation der Heidekönigin weiter. Sie beantworten die Fragen. Anschließend Kontrolle. *Lösung:* 1 Von Anfang August bis Anfang September; 2 Hotel, Pension, Ferienwohnung, Camping; 3 Zum Fahrradfahren, Wandern (besonders Anfänger und Familien mit Kindern), Reiten Die TN sprechen darüber, ob sie aufgrund dieser Informationen gern in der Lüneburger Heide Urlaub machen würden. Extra: Zum allgemeinen Schreibtraining oder zur Vorbereitung auf das Goethe-Zertifikat B1 teilen Sie die Kopiervorlage aus. Die TN haben 25 Minuten Zeit, einen Diskussionsbeitrag zu schreiben. Lassen Sie die TN zunächst in der vorgegebenen Zeit schreiben, sammeln Sie die Texte ein und korrigieren Sie sie. Besprechen Sie häufige Fehler, indem Sie einen eigenen Beitrag schreiben, in den Sie diese Fehler einbauen. Die TN korrigieren diesen Beitrag zunächst in Partnerarbeit, anschließend Kontrolle. Geben Sie erst danach die Texte der TN zurück. In Absprache mit dem jeweiligen TN können Sie auch einen gut gelungenen Beitrag für alle kopieren und kurz im Plenum besprechen, damit alle eine Vorstellung von einem für die Prüfung ausreichenden Beitrag bekommen. Achten Sie insbesondere auf den Textaufbau und die stilistische Adäquatheit.	CD 3.04, KV L19|6a	

EA, PL	b Die TN ergänzen die passenden Redemittel (Achtung, nicht alle passen!) und verbinden die Fragen mit den Antworten. Zur Kontrolle hören sie die Präsentation noch einmal. Anschließend Kontrolle. *Lösung:* (von oben nach unten) *Gibt es denn auch ein Heimatmuseum … – Ach, das hätte …; Ich hätte auch noch eine Frage: Wissen Sie eigentlich schon, wo Sie … – Auf jeden Fall …* Wiederholung: Die TN nennen weitere typische Einleitungen für indirekte Fragen, die sie bereits aus *Menschen A2*, Lektion 16, kennen. Erinnern Sie auch an die Konjunktion *ob* bei Ja-/Nein-Fragen.	CD 3.04	
EA, PL	c Die TN markieren die Modalpartikeln in den Beispielen in Aufgabe b) und ergänzen im Kasten. Anschließend Kontrolle. *Lösung:* (von oben nach unten) eigentlich; doch; ja		
PA, GA, PL	d Die TN bearbeiten die Aufgabe wie im Buch angegeben. Weisen Sie ggf. darauf hin, dass die Antworten auch frei erfunden sein dürfen. Extra: Die TN sitzen im Kreis und stellen sich persönliche Fragen. Die fragende Person wirft einer anderen Person einen Ball oder ein Tuch zu. Als Hilfe können Sie die Einleitungen für indirekte Fragen und die Modalpartikeln auf Zettel schreiben und in die Mitte legen. Wiederholen Sie kurz die Gradpartikeln, die die TN aus *Menschen B1*, Lektion 1, kennen sollten, und beziehen Sie diese in die Übung ein. Als Variante können die Zettel benutzter Partikeln auch umgedreht werden. Sie dürfen nicht mehr verwendet werden, es sei denn, der TN kann die Frage sonst nicht beantworten, weil es keine passende Alternative gibt.	weicher Ball oder Tuch, Zettel mit Einleitungen für indirekte Fragen und für Partikeln	
7 EA, PL, PA	Die TN schlagen die Aktionsseite auf. Sie wählen eine Urlaubsregion aus ihrem Heimatland oder aus D-A-CH. Wenn sie sich in D-A-CH nicht auskennen und es keine Urlaubsregionen in ihrem Heimatland gibt, können sie auch allgemein über Urlaub in den Bergen, am Meer, in einer Stadt usw. sprechen. Da es sich hier um eine Übung zum zweiten Teil der mündlichen Prüfung des Goethe-Zertifikats B1 handelt, begrenzen Sie die Vorbereitungszeit auf zehn Minuten. Hilfe finden die TN im Kommunikationskasten. Lernungewohnte TN sollten sich Redemittel notieren, die sie während der Präsentation nutzen wollen. Die Präsentation sollte nicht länger als drei bis vier Minuten dauern. Verteilen Sie die Präsentationen auf mehrere Kurstage, damit es nicht ermüdend wird. Nach der Präsentation formulieren die anderen zu zweit zwei Kommentare und zwei Fragen, die sie der Rednerin / dem Redner stellen.		
8 GA	a Die TN arbeiten in Kleingruppen und suchen für jeden TN der Gruppe einen Titel wie im Buch angegeben.		
PL	b Jede Gruppe stellt ihre Königinnen und Könige im Kurs vor und erzählt von den Aufgaben.		

FORM	ABLAUF	MATERIAL	ZEIT
1 PA/ GA, PL	a Die TN sprechen über das Einstiegsfoto. Alternativ oder zusätzlich schreiben sie zu zweit ein mögliches Gespräch zwischen den beiden Personen. Wer mag, trägt sein Gespräch vor.		
PL, PA	b Die TN hören das Gespräch und kreuzen an. Anschließend Kontrolle und ggf. Vergleich mit dem Gespräch aus 1.	CD 3.05	
	Lösung: 1 einen Gast; 2 duzen; 3 trotzdem noch einen Schlafplatz; 4 ausziehen		
	Extra: Die TN spielen spontane Gespräche, in denen sich jemand gegen das Duzen wehrt, seine Schuhe nicht ausziehen will oder der Hüttenwirt keinen Schlafplatz mehr hat. Machen Sie jeweils nur eine inhaltliche Vorgabe. Bei Bedarf kann zusätzlich vorgegeben werden, ob die Gespräche höflich-freundlich oder unhöflich-unfreundlich geführt werden sollen.		
2 EA, GA	Zur Vorbereitung auf den Erfahrungsaustausch sehen sich die TN zwei Minuten lang das Bildlexikon an. Dann werden die Bücher geschlossen und jeder TN macht für sich ein Assoziogramm zum Thema *Bergwandern*. Geben Sie ein Beispiel, wenn nötig. In Kleingruppen sprechen die TN anschließend über ihre Erfahrungen mit dem Bergwandern. Wenn die TN noch nie im Gebirge gewandert sind, können sie darüber sprechen, ob sie sich vorstellen können, mal eine Wandertour zu machen. Warum (nicht)?		
3 EA, PA, PL, GA	a Die TN überfliegen den Text und ordnen die Regeln dem Zweck zu. Dann vergleichen sie zunächst zu zweit und beraten bei Unstimmigkeiten. Anschließend Kontrolle.	KV L20|3a	
	Lösung: Sie dienen nur der eigenen Sicherheit: 9 Sie regeln die Verhalten gegenüber anderen: 2, 3, 4, 5, 6, 7, 8, 10		
	Extra: Die Bücher sind geschlossen. Verteilen Sie die Kopiervorlage. Die TN arbeiten zu zweit und formulieren die Hüttenregeln. Dabei kommt es nicht darauf an, dass die TN den Wortlaut des Textes rekonstruieren, sondern darauf, dass sie mit eigenen Worten die Regeln formulieren bzw. das, was sie verstanden haben. Wenn Sie wenig Zeit haben, teilen Sie die Kopiervorlage in der Mitte, sodass die Hälfte der TN die ersten fünf und die andere Hälfte die anderen fünf Regeln formulieren muss. Schnelle TN können natürlich alle bearbeiten. Die Paare tauschen ihre Regeln und kontrollieren, ob die Regeln des anderen Paares verständlich und inhaltlich richtig sind.		
PA, GA	b Zu zweit wählen die TN drei Regeln aus und überlegen sich zu jeder Regel eine Szene mit möglichst vielen Fehlern. In Kleingruppen spielen die Paare ihre Szenen vor, die anderen beschreiben, welche Fehler gemacht werden. Bringen Sie ggf. einige Requisiten mit (Rucksack, Butterbrotdose, Portemonnaie usw.).	ggf. Requisiten	

EA, PL	c Die TN ergänzen mithilfe des Textes in a *indem* und *sodass* in der Tabelle. Dabei markieren sie im Text alle weiteren Sätze mit *indem* und *sodass*. Anschließend Kontrolle.		

c Die TN ergänzen mithilfe des Textes in a *indem* und *sodass* in der Tabelle. Dabei markieren sie im Text alle weiteren Sätze mit *indem* und *sodass*. Anschließend Kontrolle.

Lösung: (von oben nach unten) sodass; Indem; Indem; sodass

Die Konjunktion *indem* antwortet auf die Fragen *Wie? Durch welches Mittel? Wodurch?* Sie leitet einen Nebensatz ein. Sammeln Sie mit den TN weitere Beispiele und weisen Sie darauf hin, dass Haupt- und Nebensatz ihre Position tauschen können. Ein Nebensatz mit der Konjunktion *sodass* gibt ein Ergebnis, eine Folge an und kann daher nur nachgestellt werden: *In einer Stadt gibt es viele Hotels, sodass (= mit dem Ergebnis / und das hat zur Folge, dass) du dich leicht auf die Suche nach einer anderen Unterkunft machen kannst.*

4 GA, PA

Die TN schlagen die Aktionsseite auf und spielen nach den Regeln im Buch. Lerngewohnte TN können zusätzlich eine Tabelle mit eigenen Satzteilen machen.

Extra: Verteilen Sie die Kopiervorlage. Die TN spielen zu zweit. Jedes Paar braucht zwei Spielfiguren und einige Münzen (aus dem eigenen Portemonnaie) oder Papierschnipsel. Die Paare spielen einige Runden *Rösselsprung* nach den angegebenen Regeln. Die TN können ihre Partner auch tauschen. Da das Spiel durch die Stichwörter recht offen ist, können Sie es zu einem späteren Zeitpunkt zur Wiederholung einsetzen.

Material: Würfel, KV L20|4, Spielfiguren, Münzen oder Papierschnipsel

5 PL, PA, EA

a Die Bücher sind geschlossen. Geben Sie eine Tabelle wie in der Lösung unten vor (Tafel/IWB), die TN übertragen diese ins Heft. Diktieren Sie die Redemittel aus dem Kommunikationskasten. Die TN tragen diese in die passende Spalte ein. Anschließend vergleichen sie zunächst zu zweit und ergänzen weitere Wendungen, z.B. für Vorschriften, die ihnen fehlen (*Es wäre schön, wenn …, Ich wünsche mir, dass …*). Anschließend Kontrolle.

Material: Kärtchen

Lösung:

Diese Vorschriften finde ich sinnvoll.	Diese Vorschriften finde ich nicht so gut.	Diese Vorschriften fehlen mir.
Davon halte ich sehr viel. Das finde ich fair. Das finde ich unheimlich wichtig. Die Hauptsache ist, dass … Man kann schon verlangen, dass …	Davon halte ich nicht sehr viel. Das lehne ich ab. Das wäre für mich undenkbar. Das finde ich unfair. Es kommt darauf an, wie man das sieht.	Wesentlich wichtiger finde ich … Ich lege größten Wert auf … / darauf, dass …

Sammeln Sie zusätzlich Redemittel, die Zustimmung, Ablehnung und Gleichgültigkeit oder Unentschlossenheit ausdrücken.

		Danach schlagen die TN ihre Bücher auf und notieren, welche Hütten-regeln sie für sinnvoll bzw. nicht so sinnvoll erachten und was sie sich wünschen. Jeder TN schreibt sich fünf Redemittel auf Kärtchen, die er in der Diskussion benutzen will.		
	GA	b Die TN diskutieren mithilfe der Redemittelkärtchen und ihrer Noti-zen. Redemittelkärtchen, die benutzt worden sind, werden umgedreht. Alternativ schreiben die TN in Kleingruppen alle Redemittel auf Kärtchen, sodass jede Gruppe einen kompletten Satz Redemittel hat. Während der Diskussion liegen alle Redemittel offen in der Mitte. Die benutzten werden während der Diskussion umgedreht, sodass die TN auf andere ausweichen müssen. Sammeln Sie die Redemittelsätze ein und verteilen Sie sie in den nächsten Stunden erneut. Lassen Sie die TN über andere Themen disku-tieren, z.B. *Möchten Sie Heidekönigin werden? Würden Sie ehrenamtlich arbeiten?* usw. Oder wählen Sie aktuelle Themen aus der Tagespresse.	Kärtchen	
6	PL, EA	a Sprechen Sie mit den TN über Gästebücher. Wo / Bei welchen Anlässen gibt es sie? Wozu sind sie gut? Dann schlagen die TN die Bücher auf und ergänzen passende Wörter im Gästebucheintrag. Achtung, nicht alle Wörter passen. Anschließend Kontrolle. *Lösung:* (in der Reihenfolge ihres Vorkommens) Mal; wiederkommen; geschmeckt; Portion; gemütlich; begeistert		
	EA, PA, GA, PL	b Die TN wählen einen Ort oder einen Anlass aus der letzten Zeit oder aus der Liste und machen sich Notizen zu den Fragen im Buch. Dann schreiben sie einen Gästebucheintrag. Sie tauschen ihren Eintrag mit einer Partnerin / einem Partner und korrigieren. Alternativ legen die TN in Kleingruppen mehrere Gästebücher/Hefte zu verschiedenen Anlässen an. Die Hefte werden ausgelegt oder herumgege-ben, sodass sich die TN eintragen können. Um das Schreiben zu vereinfa-chen, sammeln Sie im Plenum hilfreiche Satzanfänge zu den Fragen. Hilfe finden die TN auch in den Beispielen. Extra: Da das Kurs-Ende sich nähert, könnten Sie ein Gästebuch zum Kurs auslegen. Die TN machen ihre Einträge. Alternativ können Sie das Gästebuch auf der Lernplattform (Moodle) anlegen. Extra: In vielen Prüfungen soll im mündlichen Teil etwas geplant oder ausgehandelt werden. Wenn Sie den Prüfungsteil *Gemeinsam etwas planen* mit den TN üben möchten, verteilen Sie die Kopiervorlage. Geben Sie den TN fünf bis zehn Minuten Zeit, um sich Notizen zu machen. Zu zweit planen die TN dann die Wanderung. Das Gespräch sollte nicht länger als ca. drei Minuten dauern. Lassen Sie die TN im ersten Durchgang frei sprechen. Sammeln Sie danach mit den TN mögliche Redemittel zu *etwas vorschlagen, zustimmen, ablehnen, einen Gegenvorschlag machen*. Danach führen die TN ein zweites Gespräch mit einer neuen Partnerin / einem neuen Partner und bemühen sich aktiv, die Redemittel zu benutzen.	KV L20|6b	

	FORM	ABLAUF	MATERIAL	ZEIT
1	GA (EA)	a In Kleingruppen unterhalten die TN sich über das Foto. Zeigen Sie alternativ das Foto (Folie/IWB). Die TN notieren um die Wette in Gruppen oder allein Ideen darüber, wer die drei Frauen sind und was sie machen. Sie nummerieren ihre Ideen durch, z.B. *1. drei Mütter, die gemeinsam mit ihren Kindern in Urlaub fahren; 2. drei Frauen, die Sachen auf einem Flohmarkt verkaufen wollen* usw. Wer hat die meisten Ideen? Oder die TN schreiben in Kleingruppen eine Geschichte zu dem Foto. Stellen Sie als Anreiz Leitfragen: *Wer sind die Frauen? Wohin reisen sie? Was ist in den Koffern? Welche Bedeutung haben wohl die Kopftücher? Warum haben die Frauen so gute Laune?*	ggf. Einstiegs-foto auf Folie/IWB	
	PL	b Die TN hören das Gespräch und kreuzen an. Anschließend Kontrolle und Vergleich mit den Geschichten. *Lösung:* 1 richtig; 2 falsch	CD 3.06	
2	PL	Extra: Teilen Sie die TN in zwei Gruppen. Jede Gruppe stellt sich vor einem Plakat auf, auf dem in der Mitte *Musik* steht. Die Gruppen sollten das Plakat der anderen nicht einsehen können. Jede Gruppe erhält einen dicken Stift. Auf Ihr Zeichen hin läuft der erste TN jeder Gruppe zum Plakat und schreibt eine Musikrichtung auf, geht zurück und gibt, wie beim Staffellauf, den Stift an den nächsten weiter, der zum Plakat läuft usw. Wenn Sie *Stopp* rufen, bleiben die TN stehen. Alternativ können Sie Musik laufen lassen. Die TN beenden die Aktivität, wenn die Musik stoppt. Eine Gruppe liest ihre Musikrichtungen vor. Was die andere Gruppe auch hat, wird bei beiden Gruppen gestrichen. Gewonnen hat die Gruppe, die am Schluss die meisten nicht durchgestrichenen Begriffe hat. Die TN äußern Vermutungen, was für Musik die Frauen machen, und begründen ihre Meinung.	Plakate, dicke Stifte, Musik	
3	PA, GA	Lesen Sie das Beispiel im Buch vor und schmücken Sie das Beispiel in der Sprechblase ein bisschen aus. Die TN bearbeiten die Aufgabe dann zu zweit wie im Buch angegeben und erzählen in Gruppen. Alternativ verteilen Sie an jedes Paar eine Kopiervorlage. Die TN erstellen nach der Anleitung ein eigenes Kreuzworträtsel und tauschen es mit einem anderen Paar. Wenn Sie die Rätsel kopieren, können sie später zur Wiederholung des Wortschatzes genutzt werden.	KV L21|3	
4	EA, PL	a Die TN überfliegen den Blog und markieren, in welchen Städten die Band spielt. Anschließend Kontrolle, indem die TN den Weg der Band auf einer Landkarte verfolgen. Fragen Sie die TN, was sie über diese Städte wissen. Was gibt es dort Besonderes? Halten Sie ggf. Stichworte fest. *Lösung:* Essen, Basel, Augsburg	D-A-CH-Landkarte	

	EA/ PA, PL	b Die TN lesen den Blog noch einmal und notieren Antworten zu den Fragen. Lernungewohnte TN können sich zu zweit besprechen. Anschließend Kontrolle. *Lösung:* 1 schlecht, sie war ein totaler Misserfolg; 2 Sie finden die Stadt und das Hotel nicht gleich. 3 Sehenswürdigkeiten besichtigen; 4 Es ist das erste Konzert in der Schweiz, es ist nicht ausverkauft. 5 eine private Stadtführung; 6 die älteste Sozialsiedlung der Welt *Tipp:* Auch dieser Text eignet sich zum „Streichholzlesen" (siehe Tipp Seite 46). Nach dem Lesen erhalten die TN die Fragen (Kopie/Folie/IWB) und beantworten sie schriftlich. Die Bücher sind dabei geschlossen. Legen Sie ein Buch im Kursraum aus. Jeder TN bekommt drei Streichhölzer. Wer noch einmal zu einem Text gehen und etwas nachlesen möchte, muss ein Streichholz dafür abgeben.	Streich- hölzer, Kopien der Fragen oder Folie/IWB	
5	EA, PL, GA	a Die TN markieren die Präpositionen im Text in 4a und ordnen sie den Beispielen zu. Anschließend Kontrolle. *Lösung:* 1 um … herum; 2 am … entlang; 3 außerhalb, innerhalb; 4 innerhalb; 5 außerhalb Weisen Sie die TN auf den Grammatikkasten hin. *Innerhalb* und *außerhalb* können sowohl temporal als auch lokal benutzt werden. Wiederholen Sie ggf. den Genitiv. Die TN lassen den gestrigen Tag vor ihrem inneren Auge ablaufen und notieren auf Kärtchen, um wen/was sie herumgelaufen oder herumgefahren sind, wo entlang sie gelaufen/gefahren sind, innerhalb und außerhalb von was sie sich bewegt haben. Sie erzählen in Gruppen davon. Sammeln Sie die Kärtchen ein und verwenden Sie sie zum Stundeneinstieg oder zur Wiederholung. Sie können auch weitere, eigene Beispiele daruntermischen.	Kärtchen	
	PA, PL, GA	b Die TN schlagen die Aktionsseite auf. Um sich mit dem Plan vertraut zu machen, beraten sie zunächst zu zweit, wo die Orte aus dem Schüttelkasten liegen könnten. Sie können diese mit Bleistift in die Zeichnung eintragen. Dann hören die TN die Beschreibung so oft wie nötig und ergänzen mit einem Buntstift die Zeichnung. Anschließend Kontrolle. *Lösung:* Zwischen der Kirche und dem Rathaus ist der **Marktplatz**. Vom Marktplatz aus führt eine **Fußgängerzone** Richtung Norden. An der Fußgängerzone entlang gibt es auf beiden Seiten viele Geschäfte. Dort ist auch unser großes **Kaufhaus**. Um den See herum führt ein **Weg**. Hinter dem Sportplatz ist das **Hallenbad**. Der **Bahnhof** liegt am südwestlichen Rand des Dorfes. Hinter dem Bahnhof steht ein **Parkhaus**. Im Süden sind die **Berge**. Im Norden liegt ein **Wald** außerhalb des Dorfes. Zum Abschluss vergleichen die TN mit ihren Vermutungen und zählen, bei wie vielen Orten sie richtig lagen. *Extra:* Verteilen Sie pro Gruppe einen Spielplan der Kopiervorlage, eine Münze, Spielfiguren und Streichhölzer. Die TN spielen nach den angegebenen Regeln. Wenn nötig, machen Sie am Ende eine Kontrollrunde im Plenum.	Bleistifte, Buntstifte, CD 3.07, KV L21|5b, Münzen, Spiel- figuren, Streich- hölzer	

6	EA, GA, PL	Zur Vorbereitung auf das Gespräch schreiben die TN aus dem Blog in 4a heraus, was es in den jeweiligen Orten zu sehen gibt. Bilden Sie zu jeder Stadt eine Kleingruppe, die weitere Informationen zu den Sehenswürdigkeiten und zu der Stadt recherchiert und die Informationen auf einem Plakat festhält. Jede Gruppe stellt „ihre" Stadt vor.	Plakate, Kärtchen	
		Wiederholung: Wiederholen Sie bei Bedarf, mit welchen Konnektoren man Gründe und Folgen ausdrücken kann. Die TN sollten *weil, da, denn, darum, deshalb, deswegen, daher, aus diesem Grund* kennen. Auch Sätze mit *nämlich* und *wegen* sind möglich. Die Gruppen schreiben jeden Konnektor auf ein Kärtchen. Während des anschließenden Gesprächs liegen die Kärtchen in der Mitte. Die TN sollen möglichst viele verschiedene benutzen. Sagen Sie nach einer halben Minute an, dass *weil* nicht mehr benutzt werden darf (das Kärtchen wird umgedreht oder weggelegt). Schließen Sie auch die häufig benutzten Wörter *denn* und *deshalb* nach einer Weile aus, damit die TN die seltener benutzten Konnektoren trainieren.		
		In Kleingruppen unterhalten sich die TN darüber, welchen Ort sie gern besuchen würden, und begründen ihre Meinung.		
7	PA, PL	a Wiederholung: Bevor die TN das Interview hören, überlegen sie zu zweit, was vor so einer Tournee alles erledigt wird, und notieren im Passiv Präsens. Geben Sie eine Zeit vor, z.B. zehn Minuten. Dann liest ein Paar seine Sätze vor. Die anderen prüfen, ob sie das auch geschrieben haben, wenn ja, streichen sie den Satz. Dann liest das nächste Paar seine verbliebenen Sätze vor, die anderen streichen usw. Zum Schluss zählt jede Gruppe die Sätze, die übrig geblieben sind. Welche Gruppe hat die meisten? Die TN hören das Radiointerview und markieren die vorkommenden Themen. Anschließend Kontrolle. In Partnerarbeit fassen die TN zusammen, was sie im Einzelnen von den Themen im Gedächtnis behalten haben.	CD 3.08	
		Lösung: Verteilung von Aufgaben vor der Tournee; Erfahrungen bei der Tournee		
	PL, GA	b Die TN hören den ersten Teil des Interviews noch einmal und kreuzen die Aufgaben an, die erwähnt werden. Anschließend Kontrolle.	CD 3.09, KV L21|7b, Spielfiguren, Würfel	
		Lösung: vorher fleißig üben; Verträge machen; Plakate und Informationsmaterial verschicken; sich um die Kostüme kümmern; Tour-Auto saugen und volltanken; Verpflegung für die Fahrt vorbereiten; Zustand der Instrumente prüfen; Technik bereitstellen; Plakate aufhängen		
		Extra: Verteilen Sie an jede Kleingruppe einen Spielplan der Kopiervorlage, eine Spielfigur und einen Würfel. Die TN spielen nach den angegebenen Regeln. Das Spiel kann auch zu einem späteren Zeitpunkt zur Wiederholung eingesetzt werden.		

	PA, PL	c Die TN lesen den Grammatikkasten und sprechen zu zweit über die Aufgaben aus b, die erledigt werden müssen. Lassen Sie die TN zunächst allein arbeiten. Nur wenn sie mit der neuen Struktur nicht klarkommen, brechen Sie ab und helfen mit einer Erklärung. Ansonsten schließen die TN die Aufgabe zuerst ab. Schreiben Sie dann einen Beispielsatz an die Tafel und markieren Sie die Verben. Die TN erläutern die Bildung von Passiv Präsens mit Modalverb. Weisen Sie darauf hin, dass *es* wegfällt, wenn ein anderes Satzglied vorne steht: *Es muss Verpflegung für die Fahrt vorbereitet werden.* Aber: *Für die Fahrt muss Verpflegung vorbereitet werden.* Oder: *Verpflegung muss für die Fahrt vorbereitet werden.*		
8	PA, PL, GA	Die TN schlagen die Aktionsseite auf und ergänzen zu zweit passende Orte. Anschließend Kontrolle. *Lösung:* Im Krankenhaus; In der Prüfung Dann schreiben sie eigene Aufgaben und tauschen mit einem anderen Paar. Anregungen für Orte finden die TN auch auf der Kopiervorlage zu Aufgabe 5b.	ggf. KV L21|5b	
9	EA, PL	Die TN versuchen zunächst eine Zuordnung aus dem Gedächtnis, einige Informationen haben sie bereits aus dem Blog. Dann hören sie das Interview weiter und ordnen die Orte zu. Anschließend Kontrolle. *Lösung:* 2 A; 3 C; 4 A; 5 B; 6 A; 7 C; 8 B An dieser Stelle bietet es sich an, das Lied der *Wonnebeats* anzuhören und die Aufgaben dazu zu bearbeiten (Modul-Plus 7, Ausklang).	CD 3.10	
10	EA	a Die TN bearbeiten die Aufgabe wie im Buch angegeben.	Kärtchen	
	GA	b Die TN bearbeiten die Aufgabe wie im Buch angegeben.	Kärtchen	
	GA	c Die TN bearbeiten die Aufgabe wie im Buch angegeben.		
11	GA	a Die TN einigen sich auf einen Ort, für den sie werben wollen, und tragen Informationen zu diesem Ort zusammen.		
	GA	b Die Gruppen schreiben einen Werbetext für ihren Ort nach dem Muster im Buch. Formulierungshilfen finden sie im Kommunikationskasten.		
	GA, PL	c Die Gruppen machen ein Poster zu ihrem Ort und stellen ihn mithilfe des Posters vor. Alternativ werden die Poster zur Ansicht ausgehängt, die TN gehen von Poster zu Poster und informieren sich individuell. Wer mag, kann Smileys zu den Orten malen, die er besonders interessant findet und aufgrund des Werbetextes gern einmal besuchen würde. Extra: Die TN halten nach dem Muster der Speakers' Corner („Ecke der Redner") im Londoner Hyde Park kurze Spontanvorträge: Stellen Sie einen Stuhl in eine Ecke. Ein TN besteigt ihn und preist einen Platz am Kursort, ein Lokal, ein Geschäft, ein Buch oder was auch immer an. Der Stuhl bleibt einige Tage stehen. Innerhalb von einer Woche muss jeder zu Beginn des Unterrichts oder nach der Pause einmal hinaufsteigen, den Zeitpunkt darf er selbst bestimmen. In extensiven Kursen wird der Stuhl in jeder Unterrichtsstunde aufgestellt, so lange, bis alle einmal dran waren.		

Lesemagazin

	FORM	ABLAUF	MATERIAL	ZEIT
1	PL, EA	a Die Bücher sind geschlossen. Die TN erzählen, wann und mit welchem Verkehrsmittel die Postzustellerin / der Postzusteller zu ihnen kommt. Fragen Sie nach den Arbeitsbedingungen von Post- und Paketzustellern (*bei jedem Wetter rausmüssen, früh aufstehen* usw.). Die TN erzählen auch, was sie an diesem Job gut, nicht so gut finden und ob es ein Job für sie wäre. Dann lesen die TN jeweils den ersten Abschnitt der drei Texte im Buch, sie recherchieren, wo die drei genannten Arbeitsorte liegen, und zeichnen diese auf der Karte im Buchumschlag ein bzw. markieren mit Klebepunkten auf einer topografischen Karte. Anschließend Vergleich.	topografische Karte, Klebepunkte	
	EA/ PA, PL	b Die TN lesen die Texte weiter und ergänzen passende Fragen zu den Abschnitten. Lernungewohnte TN arbeiten zu zweit. Besprechen Sie von der Auflösung abweichende Lösungen, die trotzdem passen können.		
2	GA/ PL (EA)	Die TN erzählen, welche der drei Arbeitsumgebungen ihnen am besten gefällt, und begründen. Gibt es andere „exotische" Berufe oder Arbeitsumgebungen, die die TN kennen bzw. interessieren, ggf. auch im Heimatland? Wenn ja, dann schreiben die TN dazu einen kurzen Text nach dem Muster im Buch. Der Text kann im Kurs ausgehängt werden oder auf der Lernplattform (Moodle) eingestellt werden.		

Film-Stationen

	FORM	ABLAUF	MATERIAL	ZEIT
1	PL	a Die TN sehen den Anfang des Films ohne Ton (bis 1:20) und spekulieren, wer die Personen sind und was sie machen.	Clip 7	
	PL	b Die TN sehen den ersten Teil noch einmal mit Ton und kreuzen an. Anschließend Kontrolle. Die TN überlegen, was die „Stadtdetektive" machen und was die „Ruppige Ritter-Tour" ist. *Lösung:* 1 eine Stadtführung; 2 die Innenstadt	Clip 7	
2	EA	a Die TN markieren die Themen, von denen sie glauben, dass Astrid Herrnleben sie im Film anspricht.		
	PL	b Die TN sehen den Film zu Ende und vergleichen. Anschließend Kontrolle. *Lösung:* Studium; Weiterbildung; Wohnort; früherer Beruf; (Interessen); München	Clip 7	

FORM	ABLAUF	MATERIAL	ZEIT
EA, PL	c Die TN beantworten die Fragen zunächst aus dem Gedächtnis. Dann sehen sie den Film noch einmal und vergleichen bzw. ergänzen die Antworten. Anschließend Kontrolle. *Lösung:* 2 Als Diplompsychologin gearbeitet. 3 Ihre Arbeit war schwer und belastend. 4 Für Geschichte. 5 Psychologie und Archäologie. 6 Eine Weiterbildung zur Stadtführerin. 7 Seit mehr als zehn Jahren. 8 München ist sehr grün, alles ist gut zu Fuß oder mit dem Rad erreichbar. Es gibt viele Angebote zu Kunst, Kultur und Freizeit.	Clip 7	
3 PA, PL	a In Partnerarbeit sehen sich die TN die Stadtführungen auf der Homepage der „Stadtdetektive" an und erzählen im Kurs von einer Stadtführung, die sie besonders interessiert.		
PL (EA)	b Die TN erzählen von ihren Erfahrungen mit Stadtführungen oder schreiben einen kurzen Aufsatz über eine interessante Stadtführung, die sie einmal mitgemacht haben.		

Projekt Landeskunde

FORM	ABLAUF	MATERIAL	ZEIT
1 EA, PL	Die TN lesen die Spielanleitung und ordnen zu. Anschließend Kontrolle. *Lösung:* (von oben nach unten) Spielidee; Spielvorbereitung; Spielverlauf		
2 PA	a Die TN erhalten den Plan (Kopiervorlage) des Deutschlandspiels und wählen in Partnerarbeit sechs deutsche Städte aus. Sie schreiben Karten zu diesen Städten nach dem Muster in 1.	KV zu Modul-Plus 7	
GA	b Die TN spielen in Kleingruppen nach der Spielanleitung in 1. Extra: Die Kleingruppen zeichnen in den Spielplan einige Städte mehr ein, die sie interessieren. Zwischen die Städte zeichnen die TN kleine Felder wie im Beispiel in 1. Zu allen Städten werden Karten geschrieben. Dann wird gespielt. Die Gruppen können ihre Spiele auch tauschen und in einer späteren Unterrichtsstunde eine weitere Runde spielen.		

Ausklang

FORM	ABLAUF	MATERIAL	ZEIT
1 EA, PL	Die TN hören das Lied und zeichnen die Tournee-Route auf der Karte ein. Danach ergänzen sie die Orte im Text. Anschließend Kontrolle. *Lösung:* (von oben nach unten) Essen; Augsburg; Basel; Bonn; Köln	CD 3.11	
2 GA, PL	Teilen Sie den Kurs in drei Gruppen. Die Gruppen überlegen, wie sie den Rhythmus erzeugen können (mit zwei Stiften, die aneinandergeschlagen werden; durch Klatschen mit den Händen / auf die Oberschenkel – alles, was ein Geräusch macht, passt). Dann hören sie das Lied noch einmal, jede Gruppe begleitet einmal den Refrain. Das Zwischenspiel spielen alle gemeinsam.	CD 3.11	

	FORM	ABLAUF	MATERIAL	ZEIT
1	EA, PL (GA)	a Die Bücher sind geschlossen. Zeigen Sie das Foto ohne Lektionstitel (Folie/IWB). Die TN schreiben ihre Vermutungen über den Mann auf, was er macht, wo er ist, was er denkt usw. Anschließend diskutieren sie gemeinsam über das Foto und begründen ihre Meinung. Alternativ teilen Sie den Kurs in zwei Gruppen. Jede Gruppe erhält ein Plakat mit dem Titel *DDR – Berliner Mauer – BRD*. Die Gruppen notieren in Stichworten, was sie darüber wissen. Anschließend Vergleich der Plakate. Die TN spekulieren dann anhand der Fragen im Buch über das Foto.	Einstiegs-foto auf Folie/IWB, ggf. Plakate	
	PL, EA	b Wenn Sie in 1 der ersten Variante gefolgt sind, hören die TN zunächst bei geschlossenen Büchern. Fragen Sie die TN, ob sie erwartet hätten, dass der junge Mann einen Audioguide hört und sich mit einem geschichtlichen Thema befasst. Die TN hören noch einmal und korrigieren die Sätze. Anschließend Kontrolle. *Lösung:* 2 ~~1990~~ 1989; 3 ~~Monate~~ Jahre	CD 3.12	
	GA/ PL	c Die TN unterhalten sich darüber, inwiefern sie sich für Geschichte interessieren, ob sie beispielsweise in Museen gehen, historische Romane lesen oder gern Filme und Dokumentationen zu Geschichte sehen usw.		
2	(GA) EA, PL	Extra: Falls die TN in 1 Plakate zur deutschen Geschichte gemacht haben, ordnen sie den darauf genannten Ereignissen passende Bilder aus dem Bildlexikon zu. Teilen Sie dazu die Kopiervorlage aus. Die TN kleben die Bilder zu den Ereignissen. Alternativ oder zusätzlich decken die TN Aufgabe 2 mit einem Heft ab und bringen die Bilder des Bildlexikons in eine zeitliche Reihenfolge. Bei dieser Variante sollten Sie die Bilder „Denkmal" und „Gefängnis" aussortieren. Alternativ Bearbeitung der Aufgabe wie im Buch angegeben. *Lösung:* 1945: –; 1948: 9; 1961: 1; 1961–1989: –; 1989: Grenzöffnung: –; 1989: Montagsdemonstrationen: 6; 1993: 8; 2002: 2 Die TN erzählen ggf., was sie außerdem über die Ereignisse wissen bzw. woran sie sich erinnern, falls sie schon geboren waren. Tipp: Interessierte TN können sich über die *Bundeszentrale zur politischen Bildung* (www.bpb.de) weiter informieren bzw. sich Informationsmaterial schicken lassen. Für das Ausland gelten gesonderte Lieferbedingungen.	KV L22|2	
3	PL	a Die TN hören die Audioguide-Sequenzen und notieren die passenden Jahreszahlen mithilfe der Chronologie in 2. Anschließend Kontrolle. *Lösung:* 1 1945; 2 1948–1949; 3 1961; 4 1961–1989	CD 3.13–16	
	PL	b Die TN hören die erste Sequenz noch einmal und kreuzen an. Anschließend Kontrolle. *Lösung:* 1 vier Besatzungszonen; 2 die Teilung	CD 3.13	

EA, PL	c Die TN versuchen vor dem Hören, die Ereignisse in eine Chronologie zu bringen. Dann hören sie die zweite Sequenz noch einmal und über- prüfen bzw. korrigieren ihre Reihenfolge. Anschließend Kontrolle. *Lösung:* (von oben nach unten) 2, 6, 5, 4, 3 Ergänzen Sie mit den TN noch einmal die Jahreszahlen zu den Ereignis- sen. *Lösung:* 1948: 1, 2; 1949: 3, 4, 5; 1961: 6	CD 3.14	
PL	d Die TN hören die dritte Sequenz noch einmal und kreuzen an, welche Themen vorkommen. Anschließend Kontrolle. *Lösung:* Lebensmittelknappheit, Autos, Wochenendhäuser mit Garten, freie Meinungsäußerung, Verhaftungen aus politischen Gründen	CD 3.15	
PL	e Die TN hören die vierte Sequenz noch einmal und korrigieren die Sätze. Anschließend Kontrolle. *Lösung:* 1 ~~nur eine kleine~~ eine große; 2 ~~gewaltvolle~~ friedliche; 3 ~~3. Oktober~~ 9. November Extra: In vielen Prüfungen soll im mündlichen Teil etwas geplant oder ausgehandelt werden. Wenn Sie den Prüfungsteil *Gemeinsam etwas planen* mit den TN üben möchten, verteilen Sie die Kopiervorlage. Geben Sie den TN fünf bis zehn Minuten Zeit, um sich Notizen zu machen. Zu zweit planen die TN dann den Besuch. Das Gespräch sollte nicht länger als ca. drei Minuten dauern. Diese Aufgabe kann auch später, zum Beispiel nach Kursbuchaufgabe 6, gemacht werden, falls Sie zuerst die Grammatik in 4 einführen möchten.	CD 3.16, KV L22|3e	
4 EA, PL (PA)	a Die TN ergänzen die Sätze im Grammatikkasten. Hilfe finden sie in 3c. Anschließend Kontrolle. *Lösung:* (von oben nach unten) ist … blockiert worden; wurde … eingeführt Erinnern Sie die TN an das Passiv Präsens (vgl. Aufgabe 2: *Es wird eine Mauer rund um Westberlin gebaut.*). Erklären Sie, dass es sich hier um das sogenann- te historische Präsens handelt, und bitten Sie die TN, den Satz ins Passiv Präteritum umzuwandeln (*wurde … gebaut*). Die TN sehen sich noch einmal die Ereignisse in Aufgabe 2 an und formulieren Passivsätze (außer 1961– 1989), z.B. *1945 wurde Deutschland in Besatzungszonen geteilt.* Halten Sie die Sätze an der Tafel fest. Markieren Sie die Verben und erinnern Sie an die Verbklammer. Weisen Sie besonders auf das Passiv Perfekt hin, hier heißt es *ist … worden* und nicht *geworden*. Die TN können in Partnerarbeit weitere Passivsätze zu den Ereignissen auf den Plakaten aus 1 machen und/oder sie ergänzen historische Ereignisse ihres Heimatlandes mit Passivsätzen. Anschließend gemeinsame Kontrolle. Extra: Die TN schreiben je drei wichtige Ereignisse ihres Heimatlandes ohne Jahreszahl auf Kärtchen oder farbiges Papier. Sammeln Sie alle Karten ein, mischen Sie sie und mischen Sie auch die Bildkärtchen der Kopiervorlage darunter. Gemeinsam versuchen die TN, die Ereignisse chronologisch zu ordnen.	Kärtchen/ Papier, KV L22|2	

	PA	b Die TN schlagen die Aktionsseiten auf und fragen sich gegenseitig nach den fehlenden Informationen. Zusätzlich stellen sich die TN gegenseitig Fragen zu den Ereignissen, die auf den Karten im Kurs ausgelegt worden sind. Lassen Sie dazu die Karten in der Mitte des Kursraums liegen.	Karten aus a	
5	PL, EA/ PA, GA	Erarbeiten Sie vorab mit den TN die Verben zu den Nomen im Steckbrief, die für die Passivsätze gebraucht werden (z.B. *Verlust = verlieren, Einmarsch = einmarschieren* usw.) oder geben Sie die benötigten Verben wild durcheinander an (Folie/IWB), damit die TN „spicken" können, wenn sie nicht weiterwissen. Die TN wählen ein Land und schreiben einen Steckbrief im Passiv Präteritum. Achtung, nicht alles lässt sich im Passiv formulieren! Lernungewohnte TN sollten zu zweit arbeiten. Die TN vergleichen und korrigieren ihre Texte zunächst in Kleingruppen. Anschließend Kontrolle. *Lösungsvorschlag:* <u>Österreich:</u> … Österreich Teil des Deutschen Reiches und verlor seine Selbstständigkeit. 1945 wurde Österreich in vier Besatzungszonen aufgeteilt. 1955 wurde ein Staatsvertrag mit den Alliierten unterschrieben und damit die Selbstständigkeit gewonnen. 1995 wurde Österreich Mitglied der EU. <u>Schweiz:</u> Im Jahr 1848 wurde der Bundesstaat Schweiz gegründet. Sowohl im Ersten Weltkrieg als auch im Zweiten Weltkrieg blieb die Schweiz neutral. 1971 wurde das Frauenwahlrecht eingeführt. Im Jahr 2001 stimmte das Volk gegen den Beitritt zur EU. Schnelle TN machen sich zusätzlich Notizen zu historischen Ereignissen ihres Heimatlandes und schreiben einen Text. Sammeln Sie diese Texte ein und erstellen Sie daraus Lückentexte, die Sie nach und nach zur Wiederholung und Festigung an die TN ausgeben. Oder machen Sie daraus Stichwortzettel wie im Buch und die TN schreiben dann wiederum Texte dazu. Ggf. am Ende Vergleich mit dem „Originaltext".	ggf. Verben auf Folie/ IWB	
6	EA, PL	Verteilen Sie Klebezettel an die TN. Jeder TN schreibt wichtige historische Ereignisse auf, pro Zettel ein Ereignis. Die Zettel werden an die Tafel geklebt. Damit die TN auch auf andere Ideen als Politik kommen, geben Sie einige Ereignisse vor, die Sie schon vorher an die Tafel kleben, z.B. *Untergang der Titanic, Bau des Eiffelturms, Uraufführung von „Vom Winde verweht"* usw. Zeigen Sie das Beispiel und den Kommunikationskasten (Folie/IWB). Ein TN liest das Beispiel vor. Danach erzählen die TN wechselnden Partnern, bei welchem der Ereignisse an der Tafel sie gern dabei gewesen wären. Dabei versuchen sie, Gleichgesinnte zu finden. Extra: Wer möchte, schreibt eine Fantasiegeschichte darüber, wie er „sein Ereignis" erlebt hat. Dabei stellen sich die TN vor, sie seien damals tatsächlich dabei gewesen. Das ist auch als Hausaufgabe geeignet.	Klebezettel, Aufgabe auf Folie/ IWB	

7	GA	a Die TN versuchen zu dritt, die Quizfragen ohne Hilfsmittel zu beantworten. Jede Gruppe notiert ihre Antworten auf einem Zettel. Dann tauschen die Gruppen die Zettel und es wird kontrolliert. Welche Gruppe hatte die meisten Treffer?		
	GA, PL	b Die Gruppen schreiben drei eigene Quizfragen. Die Fragen werden den anderen Gruppen gestellt. Wer zuerst die Antwort weiß, erhält einen Punkt. Gewonnen hat die Gruppe mit den meisten Punkten. Tipp: Damit die TN die Lösung nicht laut (und oft gleichzeitig) hereinrufen, erhält jede Gruppe große Zettel und einen Filzstift. Die Antwort muss notiert und hochgehalten werden.	große Zettel, Filzstifte	

FORM	ABLAUF	MATERIAL	ZEIT
1 PL/ GA	Die TN sehen sich die Fotos an und erzählen, welches Rad zu ihnen passt. Zusätzlich berichten sie, wann sie Rad fahren gelernt haben, wann sie ihr erstes Rad bekommen haben, wie oft/gern sie fahren usw.		
	Extra: Führen Sie die Namen für diese Räder ein: A – Lastenfahrrad, B – Damenfahrrad, C – Rennrad, D – Liegerad. Die TN überlegen sich die Vorteile und Nachteile dieser Fahrräder: Wozu sind sie geeignet bzw. nicht geeignet? Welche Leute fahren solche Räder?		
2 PL/ GA	a Die TN spekulieren, welches Rad zu welcher Person passt.		
PL, PA, EA	b Die TN hören die Statements und ordnen die Fahrräder zu. Anschließend Vergleich mit den Vermutungen und Kontrolle.	CD 3.17–20	

Lösung: 1 A; 2 C; 3 B; 4 D

Geben Sie folgende Tabelle an der Tafel vor.

	Heike	Christoph	Yvette	Bruno
Welches Fahrrad?				
Warum dieses Fahrrad?				
Wo fahren?				
Wie oft?				

Die TN ergänzen zunächst, was sie behalten haben. Dann hören sie die Statements noch einmal und ergänzen. Anschließend Kontrolle.

Lösung: Heike: Lastenfahrrad; Kinder und Einkauf passen auf das Fahrrad; in der Stadt; jeden Tag; Christoph: Rennrad; trainiert, fährt abends 50 bis 100 km; auf einsamen Straßen und auf Berge; am Wochenende und abends nach Feierabend, im Sommerurlaub; Yvette: buntes Damenfahrrad; individuell, macht gute Laune, viele Leute lächeln ihr zu; keine Info; keine Info; Liegerad; sitzt bequem, keine Schmerzen mehr im Nacken; keine Info; macht auch längere Fahrten

Die TN erzählen sich gegenseitig in eigenen Worten zu zwei Personen, was sie über die Person erfahren haben (z.B. *Heike hat Kinder.*). Die Partnerin / Der Partner ergänzt ggf.

Extra: TN, die ein Fahrrad haben, fotografieren dieses als Hausaufgabe und bereiten ein Statement dazu vor. Am nächsten Kurstag wird es präsentiert. Wer kein Rad besitzt, kann auch eins fotografieren, das er gern hätte, und berichten, warum er gerade dieses möchte.

3	GA, EA, PL	a Die Bücher sind zunächst geschlossen. Die TN schreiben in Kleingruppen ein Plakat zum Thema *So stellen wir uns die fahrradfreundlichste Stadt vor.* Helfen Sie ggf. mit Fragen: *Was sollte die Stadt haben? Wie sollten die Straßen/ Radwege gebaut sein?* usw. Die Gruppen stellen ihre Ergebnisse im Kurs vor. Diese Aufgabe kann auch als Projekt durchgeführt werden, indem die TN zusätzlich im Internet und/oder Zeitungen/Zeitschriften nach passenden Fotos sowie Informationen über fahrradfreundliche Städte suchen und ein Plakat machen. Eigene Wünsche werden in einer anderen Farbe notiert als Informationen. Anschließend werden die Plakate aufgehängt, sodass die TN sich wie in einer Ausstellung informieren können. Die TN überfliegen das Interview im Buch und ergänzen die Fragen. Anschließend Kontrolle. *Lösung:* (von oben nach unten) Was machen diese Städte richtig? Was ist neben der Infrastruktur noch nötig, um die Bürger zum Umsteigen zu bewegen? Sagen Sie uns doch bitte zum Abschluss noch, wie Sie die Chancen sehen, dass in ganz Deutschland mehr und mehr Menschen aufs Fahrrad umsteigen.	Plakate	
	PL, EA, PA, GA	b Die TN hören das Interview und lesen mit. Lerngewohnte TN hören nur und kreuzen zunächst nur die richtigen Sätze an. Beim zweiten Hören korrigieren sie die falschen Sätze. Anschließend Kontrolle zunächst mit der Partnerin / dem Partner, indem die TN auch die entsprechenden Stellen im Interviewtext markieren, danach im Plenum. *Lösung:* richtig: 1, 2, 3; falsch: 4 ~~immer noch~~ nicht mehr; 5 ~~Auf dem Land~~ In der Stadt Die TN unterstreichen im Text, was eine fahrradfreundliche Stadt ausmacht, und vergleichen mit ihren Plakaten aus a. Sie markieren, was sie auch genannt haben, und ergänzen, was im Text zusätzlich genannt wird.	CD 3.21	
	EA, PL	c Die TN bearbeiten die Aufgabe wie im Buch angegeben. Anschließend Kontrolle. *Lösung:* (von oben nach unten) ohne, (an)statt dass, (an)statt … zu Klären Sie die Bedeutung der Konjunktionen. Mit *ohne dass* und *ohne … zu* wird gezeigt, dass eine Erwartung oder vermutete Folge nicht eingetreten ist. Mit *(an)statt dass* und *(an)statt … zu* wird ausgedrückt, dass etwas anderes gemacht wird oder geschieht, als angekündigt. Man kann es sich mit *und nicht* vorstellen: *Ich steigere Fitness und Kondition und stehe nicht im Stau.* Weisen Sie die TN auf die Regeln im Grammatikkasten hin und erläutern Sie sie ggf. mit eigenen Worten. Machen Sie mit den TN weitere Beispiele. Dabei überlegen die TN jeweils, welche Sätze sich auch mit *ohne … zu* oder *(an)statt … zu* sagen lassen, und formulieren entsprechend um. Extra: Machen Sie ein grammatisches Satzdiktat: Diktieren Sie einen Satz mit *ohne dass* oder *(an)statt dass.* Die TN schreiben den Satz, wenn möglich, mit *ohne … zu* bzw. *(an)statt zu.* Wenn das nicht möglich ist, schreiben sie den Satz so, wie Sie ihn diktiert haben. Anschließend Kontrolle.		

4	PA, GA, PL	Die TN schlagen die Aktionsseite auf. Zu zweit ergänzen sie die Sätze. Lerngewohnte TN decken den Schüttelkasten zunächst ab und suchen eigene Ergänzungen. Anschließend Vergleich mit einem anderen Paar. Zum Abschluss machen die TN einige Beispiele im Plenum zur Kontrolle.	KV L23|4, farbiges Papier oder verschiedenfarbige Klebezettel	

Zusätzlich arbeiten die TN in Kleingruppen zusammen. Aber nun geht es darum, zu den Vorgaben möglichst sinnlose Varianten zu finden. Ein TN beginnt mit einem Thema, z.B. *Ich dusche nie, ohne vorher zwei Minuten das Wasser laufen zu lassen.* Der nächste TN versucht, diesen Satz zu überbieten: *Anstatt nur zu duschen, nehme ich auch noch ein Schaumbad* usw. reihum. Dann beginnt ein anderer TN mit einem anderen Satz: *Kurze Strecken fahre ich lieber mit dem Fahrrad, statt mit dem Flugzeug zu fliegen.*

Extra: In Kleingruppen erhalten die TN einen Spielplan der Kopiervorlage. Jeder TN der Gruppe benötigt zusätzlich einen Bogen farbiges Papier oder kleine farbige Klebezettel, wobei jeder TN in der Gruppe eine andere Farbe braucht. Die TN spielen nach den angegebenen Regeln. Zur Vereinfachung können die TN vor dem eigentlichen Spiel die Genuspunkte oder die Artikel auf dem Spielfeld eintragen.

5	PA	a Die TN sehen sich zu zweit die Themen im Bildlexikon an und erzählen, was sie persönlich für die Umwelt tun.		

Tipp: Hängen Sie die Themen im Kursraum auf, die Paare gehen von Thema zu Thema und unterhalten sich darüber. Denn Bewegung regt den Geist an. Versuchen Sie im Unterricht möglichst oft, Aufgaben mit Bewegung zu verknüpfen.

	PA, PL, (EA) GA	b Die TN lesen zu zweit die Redemittel und überlegen sich zu ein oder zwei Beispielen eine passende Mimik und/oder Bewegung, die im Gespräch benutzt werden kann, z.B. Schulterzucken bei *Meinetwegen kann das jeder so machen, wie er möchte.* Die TN spielen ihre Sätze mit Mimik und Gestik dem Kurs vor.	KV L23|5b, Scheren, Kuverts	

Alternativ verteilen Sie die Kopiervorlage. Die Bücher bleiben geschlossen. Die TN ergänzen die passenden Wörter, schneiden die Redemittel und die Rubriken aus und ordnen sie zu. Anschließend Vergleich mit dem Buch.

Machen Sie Beispiele, indem Sie auf ein Redemittel zeigen, z.B. *Davon halte ich nicht viel.*, und sagen: *Ich bade immer mit ganz wenig Wasser, weil ich Wasser und Strom sparen will.* Die TN antworten im Chor: *Davon halte ich nicht viel.* Sie machen dazu eine passende Mimik und Bewegung, z.B. die Stirn in Falten legen und eine wegwerfende Handbewegung. Verfahren Sie mit den anderen Redemitteln ebenso. So werden die Redemittel erst eingeübt und trainiert. Erst dann diskutieren die TN in Kleingruppen, indem sie von ihren Gewohnheiten erzählen. Die TN bewahren die Redemittel in einem Kuvert auf. Sie können in der nächsten Lektion darauf zurückgreifen.

| 6 | EA, PL | a Die TN lesen den Forumsbeitrag und ergänzen die Wörter. Weisen Sie darauf hin, dass nicht alle Wörter passen. Anschließend Kontrolle.

 Lösung: (Reihenfolge des Vorkommens) Vorschriften, konsumieren, Industrie, verzichten | | |
| | EA | b Die TN sollen nun einen eigenen Beitrag schreiben. Dabei gibt es zwei Möglichkeiten: Sie können auf den Forumsbeitrag von *ninotsch01* reagieren oder allgemein ihre Meinung zum Thema schreiben. Hilfe finden sie im Kommunikationskasten von Aufgabe 5b, allerdings müssen sie nun auf die „Sie"-Form achten und ggf. umformulieren. Zusätzlich können lerngewohnte TN ihren Beitrag mit einem anderen TN tauschen und darauf reagieren. Dann kann zurückgetauscht werden und wiederum auf die Reaktion geantwortet werden usw. | | |

	FORM	ABLAUF	MATERIAL	ZEIT
1	PL, PA	Die TN sehen sich das Foto an, hören das Hörbild und sprechen zu zweit über die Fragen. Anschließend kurzer Vergleich im Plenum. Landeskunde: Die Dorflinde war früher ein Symbol des gemeinsamen Lebens. Sie war häufig der Dorfmittelpunkt und stand auf dem allgemeinen Treffpunkt oder gar Festplatz des Dorfes. Die TN erzählen, ob es ähnliche Symbole auch in ihrem Heimatland gibt bzw. wie sie eine solche Dorflinde finden.	CD 3.22	
2	EA, PA	Die TN machen sich zunächst Notizen über ihre Haltung zu Teamarbeit: Was machen sie gern/lieber im Team, was lieber allein? Wann finden sie Teamarbeit sinnvoll (im privaten/beruflichen Bereich)? Anschließend sprechen sie mit wechselnden Partnern darüber.		
3	GA/ EA, PL	a Die Bücher sind geschlossen. Zeigen Sie die Überschrift und die Fotos (Folie/IWB) des Artikels. In Kleingruppen sprechen die TN über ihre Vermutungen zum Thema des Textes und halten ihre Ideen in Stichworten fest. Alternativ erhält jeder TN einen Klebezettel, notiert seine Vermutungen und hängt den Zettel an die Wand oder an die Tafel. Fordern Sie einige TN auf, ihre Hypothesen darzulegen und zu begründen. Wählen Sie dazu möglichst verschiedene Ideen. Extra: Die Bücher bleiben geschlossen. Die TN arbeiten in Kleingruppen. Verteilen Sie an jede Kleingruppe eine Kopiervorlage, am besten auf DIN A3 hochkopiert. Die Kleingruppen schreiben anhand der Stichworte einen Text. Begrenzen Sie die Zeit, z.B. 15 Minuten. Es geht nicht darum, den Inhalt des Kursbuchtextes möglichst genau zu treffen, sondern die TN sollen die Stichworte in einen sinnvollen Kontext bringen. So setzen sie sich schon einmal mit dem Thema auseinander und aktivieren ihr Vorwissen. Zum anderen erleichtert es später das Verstehen des Textes. Anschließend werden die Texte aufgehängt. Geben Sie den TN etwas Zeit, um die Texte der anderen zu lesen. Sprechen Sie ggf. über Gemeinsamkeiten und Unterschiede. Alternativ können Sie die Texte auch einsammeln und korrigieren. Die TN stellen die korrigierten Fassungen auf einer Lernplattform (Moodle) ein. Mit dieser Methode können auch andere Texte bearbeitet werden.	Fotos des Textes auf Folie/IWB, ggf. Klebezettel, KV L24|3a	
	EA, PL	b Die TN überfliegen den Text und kreuzen an. Anschließend Kontrolle. Ggf. auch kurzer Vergleich mit den Vermutungen aus a. *Lösung:* 1 das sie mit aufgebaut hat 2 obwohl es auch Schwierigkeiten gab und gibt.		

	EA, PA, PL	c Die TN lesen den Text noch einmal und machen sich Notizen zu den Fragen. Anschließend vergleichen sie ihre Ergebnisse zu zweit. Anschließend gemeinsame Kontrolle.		

Lösungsvorschlag: 1 40 Leute (Familien, Singles, alleinerziehende Mütter, Paare, Alte und Junge) wollten zusammen ein Dorf bauen. Sie waren auf der Suche nach einer neuen Art von Wohnen und Leben. 2 Sie trafen sich zwei Jahre lang regelmäßig. Sie wollten sich kennenlernen und ihre Vision von ihrem Dorf gemeinsam entwickeln. Wünsche wurden zusammengetragen. Aber dann mussten Entscheidungen getroffen und Einzelheiten festgelegt werden. 3 Heute sind die Dorfbewohner eine Gemeinschaft. Alle unterstützen sich gegenseitig, übernehmen füreinander Verantwortung, können sich aber auch in Ruhe lassen. Es gibt auch Konflikte, aber die Gemeinschaft hat gelernt, zu Lösungen zu kommen und mit Kritik umzugehen.

Lisa Holluschek spricht auch von Konflikten (Zeile 64 f.), ohne das weiter auszuführen. Die TN äußern Vermutungen darüber, was für Konflikte das sein könnten.

4	EA, GA	Zunächst machen sich die TN Notizen über die Vorteile und Nachteile, die das Menschendorf ihrer Ansicht nach hat, und inwiefern sie sich persönlich das Leben in so einem Dorf vorstellen könnten. In Kleingruppen unterhalten sie sich darüber und begründen ihre Meinung. Hilfe finden sie in den Redemitteln von Lektion 23. Falls sie die Kopiervorlage bearbeitet haben, können die TN die Redemittelkärtchen während des Gesprächs vor sich auslegen. Ergänzend sprechen die TN darüber, wie sie gern wohnen (Stadt, Land, Wohnung, Haus …) und ob sie ähnliche Projekte kennen.	ggf. KV L23|5b	
5	EA, PL	a Die TN markieren wie im Buch angegeben. Sie lesen die Regel im Grammatikkasten und kreuzen an. Anschließend Kontrolle.		

Lösung: Wir hatten uns zusammengeschlossen, damit wir gemeinsam ein Dorf bauen. Wir hatten uns zusammengeschlossen, um gemeinsam ein Dorf zu bauen. Das Subjekt in Haupt- und Nebensatz ist gleich. Man verwendet *damit* oder *um … zu*. Die Subjekte in Haupt- und Nebensatz sind verschieden. Man verwendet nur *damit*.

Mit den Konjunktionen *damit* und *um … zu* wird eine Absicht oder ein Zweck ausgedrückt. *Damit* leitet einen Nebensatz ein, *um … zu* einen Infinitivsatz. Machen Sie deutlich, dass *um … zu* nur bei identischem Subjekt in Haupt- und Nebensatz verwendet werden kann. Die TN kennen das bereits von *statt … zu* und *ohne … zu*. Machen Sie mit den TN weitere Beispiele. Die TN überlegen, in welchen Sätzen sowohl *damit* als auch *um … zu* benutzt werden kann, und formulieren entsprechen um. Üben Sie die neue Struktur mit einem grammatischen Satzdiktat, wie in Lektion 23 vorgeschlagen (siehe Seite 70).

PA, GA	b Die TN schlagen die Aktionsseite auf. Lernungewohnte TN markieren zunächst die Subjekte. In Partnerarbeit verbinden sie die Sätze mit *damit* oder *um ... zu*. Danach Vergleich mit einem anderen Paar. Alternativ oder zusätzlich schreiben die TN zu zweit fünf eigene Satzverbindungen, mit welcher Absicht sie wo oder wie wohnen. Anschließend Vergleich mit einem anderen Paar.	KV L24|5b, Spielfiguren, Würfel	

Lösung: 2 Wir schließen Kompromisse, um zu einem Ergebnis zu kommen. 3 Interessierte wohnen ein halbes Jahr zur Probe, damit wir uns kennenlernen können. 4 Meine Nachbarin passt auf mein krankes Kind auf, damit ich zu einem Kundentermin in die Stadt fahren kann. 5 Alle lassen ihre Wünsche einfließen, damit gemeinsam viel Neues entsteht.
6 Wir haben uns festgelegt und Entscheidungen getroffen, damit unser Traum realisiert wird. 7 Wir wohnen auf dem Land, damit die Kinder die Natur erleben können. 8 Wir leben in einer Gemeinschaft, um uns gegenseitig zu unterstützen. 9 Soziales und ökologisches Engagement ist mir wichtig, damit meine Kinder eine positive Zukunft haben. 10 Wir teilen uns Autos, um die Umwelt zu schützen. 11 Wir haben die Gebäude modernisiert, um Energie zu sparen. 12 Wir holen uns professionelle Hilfe, um Konflikte zu lösen.

Extra: Die TN spielen in Kleingruppen das Rundlaufspiel (Kopiervorlage) nach den angegebenen Regeln. Hier müssen die TN selbstständig Sätze mit *um ... zu* oder *damit* vollenden.

6 EA/ PA, PL	a Die TN ordnen die Zukunftsszenarien aus dem Bildlexikon den Begriffen im Kursbuch zu. Lernungewohnte TN arbeiten zu zweit. Anschließend Vergleich, wobei die TN ihre Vorschläge begründen. Denn es sind Zuordnungen denkbar, die zunächst abwegig erscheinen, aber durchaus möglich sind, weil TN „um die Ecke denken", z.B. lässt sich das Carsharing nicht nur der Mobilität, sondern auch der Klimaveränderung zuweisen (Autofahren trägt zur Klimaerwärmung bei, Carsharing soll dem entgegenwirken.).		

Lösungsvorschlag: alternde Gesellschaft: Pflegeroboter, Altenheim, Mehrgenerationen-Haus; Ernährung: Selbstversorger, Bioprodukte; Klimaveränderung: (Smog), Klimaerwärmung, Wetterextreme; Mobilität: Elektroauto, Carsharing, Fahrrad, Smog

Die genannten Szenarien beziehen sich auf Themen, die vornehmlich in Mitteleuropa in der öffentlichen Diskussion eine Rolle spielen. Sprechen Sie deshalb mit den TN über Zukunftsszenarien, die in ihrem Land / ihren Ländern debattiert werden.

PL	b Die TN hören die Radiodiskussion und markieren, über welche Zukunftsszenarien aus a diskutiert wird. Anschließend Kontrolle.	CD 3.23	

Lösung: (Die Szenarien in Klammern werden implizit angesprochen) Mehrgenerationen-Haus, Pflegeroboter, (Altenheim), Elektroauto, Carsharing, Fahrrad, (Klimaerwärmung), Selbstversorger, (Bioprodukte)

Zusätzlich berichten die TN, was sonst noch über die Zukunftsszenarien gesagt wurde, bzw. was sie davon behalten und verstanden haben.

	PL	c Die TN hören die Radiodiskussion noch einmal und markieren, wer was sagt. Anschließend Kontrolle.	CD 3.23	
		Tipp: Die TN legen während des Hörens den Stift jeweils auf die Person, die gerade spricht. So können sie sich auf das Inhaltliche konzentrieren, ohne den Namen ständig im Kopf behalten zu müssen.		
		Lösung: Frau Großer: 1; Frau Granados: 6, 7; Herr Dr. Fischer: 2, 4: Herr Brandes: 3, 5		
		Diskutieren Sie mit den TN über die Aussagen der Studiogäste. Welchen stimmen die TN zu, welchen nicht? Wie bewerten sie diese Aussichten für ihre eigene Zukunft?		
7	EA, PL	a Die TN lesen den Satz und kreuzen die passende Bedeutung an. Anschließend Kontrolle.		
		Lösung: Man hat keine Zeit mehr für Veränderungen.		
		Schreiben Sie den Satz an die Tafel und markieren Sie die Konjunktion und das Verb im Nebensatz. Mit der Konjunktion *als ob* wird der Konjunktiv II benutzt. Wiederholen Sie ggf. kurz den Konjunktiv II. Weisen Sie auch auf den Grammatikkasten hin. Mit *als ob* wird ausgedrückt, dass etwas nur so scheint, aber die Wirklichkeit ist anders. Die TN bilden einen Kreis. Tun Sie so, als ob Sie Ihre Zähne putzten. Ein TN formuliert einen passenden Satz dazu (*Sie tun so, als ob Sie die Zähne putzen würden.*). Dann spielt dieser TN pantomimisch etwas vor usw.		
	PA, GA	b Die TN schlagen die Aktionsseite auf. Hier finden die TN weitere typische Satzanfänge für Sätze mit *als ob*. Die TN schreiben zu zweit Sätze zu den Zeichnungen wie im Beispiel. Dann zerschneiden sie ihre Sätze und tauschen das Satzpuzzle mit einem anderen Paar. Zusätzlich können die Paare selbst etwas zeichnen und die Zeichnungen untereinander tauschen.	Scheren, KV L24|7b	
		Extra: Verteilen Sie die Kopiervorlage. Die TN überlegen, was sie als Kind gespielt haben, und erzählen anschließend wechselnden Partnern davon, indem sie Sätze mit *als ob* machen. Anschließend kann eine Kursstatistik darüber gemacht werden, was die meisten als Kinder gespielt haben. Was waren die beliebtesten Berufe?		
8	GA	a Lassen Sie das Beispiel vorlesen, um die Aufgabenstellung zu verdeutlichen. Die TN wählen in Kleingruppen je nach Zeit mehrere der angegebenen Themen. Sie entwickeln dazu positive und negative Visionen. Falls die TN in b allein weiterarbeiten möchten, sollten sich alle Mitglieder der Gruppe Notizen machen.		

	GA/ EA/ PA	b Die TN entscheiden, ob sie weiter in der Gruppe oder lieber allein oder zu zweit weiterarbeiten und wie sie sich weiter mit den stichwortartig gesammelten Visionen beschäftigen möchten: Sie können ihre Visionen z.B. als Foto-Collage auf einem Plakat festhalten und knackige Bildunterschriften dazu erfinden. Oder sie schreiben Texte zu einer Vision oder zu mehreren Visionen, in die sie eigene Erfahrungen, weitere Argumente oder Beispiele einfließen lassen. Sie könnten auch zeichnen, einen kleinen Dialog zu einem einzelnen Aspekt oder einen Aufsatz zum Thema schreiben. Vielleicht entwickelt sogar jemand eine Art Science-Fiction-Geschichte oder einen Comic oder schreibt ein Gedicht. Lassen Sie den TN hier jeden Freiraum.	ggf. Plakate	
	PL (EA)	c Die TN tragen, wenn nötig, die ihnen bekannten Redemittel zusammen, mit denen man Zustimmung und Ablehnung zu einer Meinung bzw. einem Thema bekunden kann. Mithilfe der gesammelten Redemittel sowie der Redemittel im Buch präsentieren die Gruppen ihre Visionen im Kurs. Geben Sie Raum für Diskussionen. Extra: Jeder TN erhält drei Klebepunkte und klebt sie zu den Visionen auf den Plakaten/Texten aus b, die er für am wahrscheinlichsten hält. Zu den vier Visionen, die von den meisten TN für wahrscheinlich gehalten werden, schreiben die TN eine Geschichte: *Ich in 50 Jahren*. Alternativ erfinden die TN gemeinsam eine Figur (Name, Alter, Beruf, Familie, Wohnort usw. werden im Kurs festgelegt) und schreiben zu dieser eine Geschichte: *Ein Tag im Leben von … im Jahre 2070*. Diese Geschichten können im Kursraum ausgehängt oder auf einer Lernplattform (Moodle) eingestellt werden.	Klebe- punkte	
9	EA, GA	a Die TN lesen den Text und unterstreichen, was auf sie zutrifft, z.B. *weiterlernen, eine Prüfung machen* usw., und berichten darüber.		
	EA (PL, PA)	b Jeder TN zieht einen Zettel mit dem Namen eines anderen TN wie im Buch angegeben. Die TN schreiben mithilfe der Fragen im Buch an „ihre" Person. Jede/r erhält die an sie/ihn gerichteten persönlichen Wünsche. Alternativ oder zusätzlich bereiten die TN eine Tischrede wie in *Menschen B1*, Lektion 1, Aufgabe 1 vor. Dazu können Sie die Rede noch einmal vorspielen. Die Reden sollten nicht länger als etwa eine Minute pro TN sein. Die Rede wird der Partnerin / dem Partner, dessen Namen gezogen wurde, gehalten. Oder sie kann im Plenum vorgetragen werden.	Zettel, CD 1.02	

Lesemagazin

	FORM	ABLAUF	MATERIAL	ZEIT
1	EA, PL	Die TN lesen den Text und beantworten die Fragen. Anschließend Kontrolle. Tipp: Lesen einmal anders: Kopieren Sie den Text für jeden TN einmal und zerschneiden Sie ihn in drei Teile. Die TN stehen sich zu zweit in einem Außen- und einem Innenkreis gegenüber. Die TN erhalten den ersten Teil des Textes und lesen ihn in einer von Ihnen vorgegebenen Zeit. Wenn Sie *Stopp* sagen, legen die TN den Text weg und sprechen mit der Person, die ihnen gegenübersteht, über das, was sie gelesen haben. Nach einer Minute dreht der Außenkreis sich um eine Person nach rechts weiter. Noch einmal sprechen die Partner über den Text. Dann verteilen Sie den zweiten Teil und verfahren ebenso, genauso mit dem dritten Teil. Zeigen Sie dann die erste Frage (Folie/IWB). Die TN beantworten sie mit ihrem Gegenüber, der Außenkreis geht weiter und die TN verständigen sich mit der neuen Person noch einmal über die Frage. Verfahren Sie mit den anderen Fragen ebenso. Dann gehen die TN zu ihrem Platz und beantworten die Fragen schriftlich im Buch, möglichst ohne erneut in den Text zu sehen. Anschließend Kontrolle. *Lösung:* b Speisefische, Gemüse und Gewürze, wie Tomaten, Gurken, Paprika, Basilikum und noch andere Pflanzen; c Nährstoffe; d Möglichkeit, Pflanzen und Fisch mitten in der Stadt zu produzieren; wenig Platz nötig; kurze Transportwege; keine aufwendige Kühlung, wenig Wasserverbrauch; e per E-Mail und bei Besichtigungsterminen	ggf. zerschnittene Kopien des Textes, Fragen der Aufgabe auf Folie/ IWB	
2	GA/ PL	Die TN erzählen, worauf sie beim Einkauf achten.		

Film-Stationen

	FORM	ABLAUF	MATERIAL	ZEIT
1	PL, PA/ GA	a Die TN sehen den Anfang des Films ohne Ton (bis 0:41) und überlegen, worum es in dem Film geht.	Clip 8	
	PL, PA/ GA	b Die TN sehen den Anfang des Films mit Ton (bis 0:41) und vergleichen mit ihren Vermutungen.	Clip 8	
	PL	c Die TN sehen den Film weiter (bis 2:38) und sortieren die Äußerungen, die im Film im Dialekt gesprochen werden. Anschließend Kontrolle. Erklären Sie dabei die Begriffe *Alm*, *Sennerin*, *Topfen*. *Lösung:* (von oben nach unten) 4, 2, 3 Landeskunde: Eine *Alm* ist eine Bergweide. Der Begriff *Sennerin* wird in den deutschsprachigen Alpen für die Bewirtschafterin einer Almhütte oder Sennerei (Käserei) benutzt. *Topfen* ist ein österreichisches Wort für Quark.	Clip 8	

	FORM	ABLAUF	MATERIAL	ZEIT
2	PL	a Die TN sehen den ganzen Film und kreuzen an. Anschließend Kontrolle. *Lösung: 2; 5*	Clip 8	
	GA/ PL	b Die TN erzählen von ihrer Erfahrung mit Heumilch-Produkten bzw. ob sie diese gern probieren würden. Zusätzlich berichten sie über besondere Produkte, die sie noch aus D-A-CH kennen oder die es in ihrem Heimatland gibt.		

Projekt Landeskunde

	FORM	ABLAUF	MATERIAL	ZEIT
1	EA, PL	Die TN lesen den Text und ordnen den Bildern die passenden Sprichwörter zu. Anschließend Kontrolle. *Lösung:* (von oben nach unten, links nach rechts) Eine Schwalbe macht noch keinen Sommer. Ein blindes Huhn findet auch mal ein Korn. Hunde, die bellen, beißen nicht. Früh übt sich, wer ein Meister werden will. Wer anderen eine Grube gräbt, fällt selbst hinein. Gibt es diese oder ähnliche Sprichwörter auch in der Muttersprache der TN?		
2	EA/ PA	a Die TN wählen ein Sprichwort aus und recherchieren allein oder zu zweit die Bedeutung. Sie vergleichen auch mit ihrer Muttersprache.		
	EA/ PA	b Die TN schreiben kurze Texte zu ihrem Sprichwort und suchen oder malen passende Bilder. Die Paare präsentieren ihr Sprichwort im Kurs. Zum Abschluss und nach Korrektur der Texte werden alle Texte zu einem Büchlein zusammengebunden.		

Ausklang

	FORM	ABLAUF	MATERIAL	ZEIT
1	PA, PL	Zu zweit ergänzen die TN den Liedtext. Dann hören sie das Lied und vergleichen. *Lösung:* (in der Reihenfolge des Vorkommens) Ohren, Rücken, rennen, lieben, schreien, verbinden, sprich Die TN stehen im Kreis und hören das Lied noch einmal. Dabei machen sie passende Pantomime zum Text.	CD 3.24	
2	GA, PL	In Kleingruppen sammeln die TN Unterschiede und Gemeinsamkeiten von Menschen und Tieren auf einem Plakat. Anschließend vergleichen sie mit einer anderen Gruppe und einigen sich auf die drei ihrer Meinung nach wichtigsten Unterschiede. Anschließend Vergleich im Plenum.	Plakate	

Das Gründe-und-Folgen-Spiel

Spielplan

① deshalb	① nämlich	① *darum*	① **aus diesem Grund**
② nämlich	② daher	② *aus diesem Grund*	② **deswegen**
③ aus diesem Grund	③ darum	③ *deswegen*	③ **deshalb**
④ daher	④ deshalb	④ *nämlich*	④ **wegen**
⑤ deswegen	⑤ wegen	⑤ *deshalb*	⑤ **daher**
⑥ wegen	⑥ deswegen	⑥ *daher*	⑥ **darum**
⑦ darum	⑦ aus diesem Grund	⑦ *wegen*	⑦ **nämlich**

✂ -

Bitte die Kärtchen ausschneiden.

✂

Ich wohne in einem Haus, das nahe am Wald liegt.	Ich mache eine Diät.	Ich wünsche mir ein Haustier.
Ich habe keinen Führerschein.	Ich konnte nicht zu deiner Geburtstagsparty kommen.	Mein Computer ist alt und langsam.
Ich interessiere mich sehr für andere Länder.	Ich möchte in Deutschland studieren.	Im nächsten Jahr will ich eine große Reise machen.
Die Woche war sehr anstrengend.	Das Wetter war am Wochenende sehr schlecht.	Leider kann ich nicht kochen.

Menschen B1.2, Lehrerhandbuch 671903 © 2015 Hueber Verlag

Lektion 13 5a

Redemittel-Kärtchen

Schneiden Sie die Sätze aus und ordnen Sie sie zu.

Aus diesem Grund / Daher / … gab es ein Missverständnis.

Ich erzähle euch von meinem Missverständnis. Also passt auf: …

Da habe ich gemerkt/bemerkt, dass …

Einmal / Ich war einmal …

Da haben alle gelacht und das Missverständnis aufgeklärt.

Als ich meinen Fehler bemerkt habe, …

Wegen meiner falschen Aussprache haben die beiden mich missverstanden.

Das war so peinlich! Aber später haben wir noch oft darüber gelacht.

Folgendes habe ich erlebt: …

In meiner Sprache bedeutet … nämlich …

Als ich …, ist mir Folgendes passiert: …

| Anfang/Einstieg | Mittelteil | Schluss |

Teekesselchen

das Rezept

die Maus

der Block

die Steuer / das Steuer

das Gericht

der Hamburger

der Reiseführer

Menschen B1.2, Lehrerhandbuch 671903 © 2015 Hueber Verlag

Lektion 14 **3c**

Aus Sylvies Fotobuch

Ergänzen Sie in der richtigen Form.

lesen | decken | machen | wiederfinden | spielen | fahren | mixen | kaufen | ~~lieben~~

a

Hier sieht man einen fein _____ Tisch im Restaurant *Jubilee*.

b

Blick aus dem _____ Zug!

c

Ich mit dem neu

_____

Kleid, das ich auf einer Hochzeit tragen will.

d

Juhu! Meine erste selbst _____ Marmelade!

e

Mein ständig _____ Freund Peter alias die „Leseratte"

f

Mein *geliebtes*, _____ _____ Smartphone!

g

Die von Alfredo

_____

Cocktails sind die besten!

h

Hier sind die _____ Kinder meines Bruders zu sehen.

Lösung: a gedeckten; b fahrenden; c gekauften; gemachte; lesender; wiedergefundenes; gemixten; spielenden

Schreibtraining: Eine private E-Mail schreiben

Sie haben sich mit einer Freundin / einem Freund an der Volkshochschule für den Wochenend-kurs „Leckere Rezepte zum Nachkochen" angemeldet. Sie/Er konnte nicht kommen, weil sie/er krank war.

– Beschreiben Sie: Was haben Sie im Kurs gemacht und gelernt?
– Erzählen Sie, was Ihnen besonders gut gefallen hat und warum.
– Machen Sie einen Vorschlag für ein Treffen zum gemeinsamen Kochen.

Schreiben Sie eine E-Mail (ca. 80 Wörter).
Schreiben Sie etwas zu allen drei Punkten.
Achten Sie auf den Textaufbau (Anrede, Einleitung, Reihenfolge der Inhaltspunkte, Schluss).

Menschen B1.2, Lehrerhandbuch 671903 © 2015 Hueber Verlag

Lektion 15 3

Wiederholung: *n*-Deklination

Ergänzen Sie die Endungen, wo nötig.

1 Wir suchen Verstärkung für unseren Pizzaservice. Sie sind Student_____ und haben in den Abendstunden Zeit? Dann melden Sie sich! <u>Mehr lesen</u>

2 Modernes Logistik-Unternehmen sucht einen Praktikant_____ mit guten PC-Kenntnissen. Informatik-Student_____ werden bevorzugt. <u>Mehr lesen</u>

3 Zum nächstmöglichen Termin suchen wir für unsere Filiale in Dresden einen Fremdsprachenkorrespondent_____ (Spanisch, Portugiesisch). <u>Mehr lesen</u>

4 Für die Vorstellung unserer neuen Kollektion suchen wir noch junge Herr_____. Wir fertigen Kleidung für den modernen Herr_____ von heute. <u>Mehr lesen</u>

5 Wir suchen die Echten! Welcher Kunde_____ des Medienmarktes möchte für unsere Prospekte als Fotomodel arbeiten? <u>Mehr lesen</u>

6 Für ein Filmprojekt werden Mensch_____ jeden Alters gesucht, die als Statist_____ mitmachen. Keine schauspielerischen Kenntnisse erforderlich. <u>Mehr lesen</u>

7 Literaturagentur sucht einen Agent_____ / eine Agentin_____ für den Bereich Kinderbuch. Wir arbeiten mit Kunde_____ in aller Welt. <u>Mehr lesen</u>

8 Sie wollen besser sein als Ihr Konkurrent_____? Dann sind Sie bei uns richtig! Königs professionelles Bewerbungstraining für jeden Beruf – und Sie schlagen jeden Konkurrent_____. Vereinbaren Sie einen Termin mit uns … <u>Mehr lesen</u>

9 Stellenangebote für Universitätsdozent_____ finden Sie auf unserem speziellen Portal. Gleich reinklicken! <u>Mehr lesen</u>

10 Die Uni-Zeitung *Campus*, gemacht von Student_____ für Student_____, sucht Mitwirkende. <u>Mehr lesen</u>

Lösung: 1 -; 2 -en, -en; 3 -en; 4 -en, -n; 5 -; 6 -en, -en; 7 -en, -, -n; 8 -, -en; 9 -en; 10 -en, -en

Aufzählungsmemo

Menschen B1.2, Lehrerhandbuch 671903 © 2015 Hueber Verlag; Zeichnungen ©Hueber Verlag/Michael Mantel

Lektion 15 5c

Ein Bewerbungsschreiben

1 Ordnen Sie zu.

Absender | Anrede | Betreff | Empfänger | Grußformel | Ort & Datum | Unterschrift | ~~Anlagen~~

_____ Julian Bode
             Sandgasse 13
             76534 Baden-Baden

_____ Ludwigs-GmbH
             z. Hd. Herrn Dr. Stürmer
             Pommernstraße 17–19
             60437 Frankfurt am Main   Baden-Baden, 23. Juli 20..   _____

_____ *Ihre Stellenanzeige vom 22.07.20.. in der Frankfurter Allgemeinen Zeitung*

_____ Sehr geehrter Herr Dr. Stürmer,

             _____ habe ich Ihre Stellenanzeige für einen
             Fremdsprachenkorrespondenten gelesen. Da die Beschreibung meinen Interessen
             und Vorstellungen entspricht, _____ diese Stelle.
             Ich habe vor zwei Jahren _____
             Fremdsprachenkorrespondenten mit der Note 1,6 abgeschlossen. Danach konnte
             ich _____ in einer Firma sammeln, die Com-
             puterspiele entwickelt. Als Assistent der Entwicklungsabteilung _____
             _____, sowohl allgemeine Texte als auch Fachtexte in
             die Sprachen Deutsch und Englisch zu übersetzen. Schon nach kurzer Zeit wurde
             mir auch die Koordination einzelner Projekte übertragen. _____
             _____, an mehreren Prozessen gleichzeitig zu arbeiten und
             Teil eines erfolgreichen Teams zu sein.
             Nach einem Jahr bot mir die Firma die Möglichkeit, für mehrere Monate ein
             Projekt in Kanada zu koordinieren. Dort _____,
             dass es mir nicht nur leicht fällt, mich auch unter Zeitdruck auf neue Situationen
             einzustellen, sondern auch flexibel auf neue Aufgaben und Problemstellungen zu
             reagieren.
             _____ nicht nur die üblichen PC-Programme,
             sondern habe auch Basiskenntnisse im Programmieren von Internetseiten.
             Ich bin zweisprachig aufgewachsen und spreche sowohl Deutsch als auch Spanisch
             als Muttersprachen.
             Sollten Sie noch Fragen _____. Über _____
             _____ sehr freuen.

_____ Mit freundlichen Grüßen
_____ *Julian Bode*

Anlagen   Lebenslauf, Zeugnisse, Übersetzungsprobe

2 Ergänzen Sie die Lücken. Vergleichen Sie dann mit dem Brief in 4a.

Wiederholung: Infinitiv mit *zu*

Ich habe oft/keine Lust, …	Es ist (nicht) leicht, …	Es ist toll, …
Ich finde es (nicht) schwierig, …	Ich habe meistens (keine) Zeit, …	Ich kann mir (nicht) vorstellen, …
Es macht (keinen) Spaß, …	Ich habe (kein) Interesse, …	Es ist (nicht so) interessant, …
Ich empfehle dir, …	Du solltest mal versuchen, …	Es lohnt sich (nicht), …
Ich habe (nicht) die Möglichkeit, …	Ich finde es (nicht) stressig, …	Ich freue mich (nicht), …

Ich habe oft/keine Lust, …	Es ist (nicht) leicht, …	Es ist toll, …
Ich finde es (nicht) schwierig, …	Ich habe meistens (keine) Zeit, …	Ich kann mir (nicht) vorstellen, …
Es macht (keinen) Spaß, …	Ich habe (kein) Interesse, …	Es ist (nicht so) interessant, …
Ich empfehle dir, …	Du solltest mal versuchen, …	Es lohnt sich (nicht), …
Ich habe (nicht) die Möglichkeit, …	Ich finde es (nicht) stressig, …	Ich freue mich (nicht), …

Menschen B1.2, Lehrerhandbuch 671903 © 2015 Hueber Verlag

Lektion 16 | 3

Lebensgeschichten

Streit / sich streiten

Kuss / sich küssen

Lüge/lügen

sich verlieben

heiraten

sich trennen

Beziehung

Freundschaft

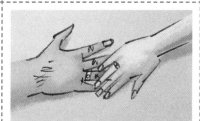

Ehe

Kindheit

Jugend

Alter

Generation

aufwachsen

Erziehung/erziehen

Menschen B1.2, Lehrerhandbuch 671903 © 2015 Hueber Verlag; Zeichnungen © Hueber Verlag/Michael Mantel

(nicht/nur) brauchen (zu)

Partner A

Lesen Sie Ihrer Partnerin / Ihrem Partner den Satz langsam und deutlich vor. Sie/Er formuliert den Satz – wenn möglich – neu mit *nur/nicht brauchen zu* oder *müssen*.

a Ich muss den Text für die Uni nicht mehr lesen, weil ich ihn gestern schon zweimal gelesen habe.
(Ich brauche den Text für die Uni nicht mehr zu lesen, weil ich ihn gestern schon zweimal gelesen habe.)

b Du musst morgen das Auto in die Werkstatt bringen. Es verliert Öl.
(keine andere Formulierung möglich)

c Ich brauche nur noch kurz Geld abzuheben. Dann können wir losfahren.
(Ich muss nur noch kurz Geld abheben. Dann können wir losfahren.)

d Ich gehe zum Supermarkt. Brauchst du auch etwas?
(keine andere Formulierung möglich)

e Wir müssen nur noch unterschreiben. Dann gehört die Wohnung uns.
(Wir brauchen nur noch zu unterschreiben. Dann gehört die Wohnung uns.)

- -

Partner B

Lesen Sie Ihrer Partnerin / Ihrem Partner den Satz langsam und deutlich vor. Sie/Er formuliert den Satz – wenn möglich – neu mit *nur/nicht brauchen zu* oder *müssen*.

a Du musst mich nicht dauernd fragen, ob ich meinen Pass dabeihabe. Er ist in meiner Tasche.
(Du brauchst mich nicht dauernd zu fragen, ob ich meinen Pass dabeihabe. Er ist in meiner Tasche.)

b Ich brauche ein neues Smartphone. Mein altes ist mir runtergefallen und jetzt funktioniert es nicht mehr.
(keine andere Formulierung möglich)

c Ich muss nur noch die Wäsche aufhängen. Dann kann ich Feierabend machen.
(Ich brauche nur noch die Wäsche aufzuhängen. Dann kann ich Feierabend machen.)

d Ich habe seit einer Woche Rückenschmerzen. Ich glaube, ich muss mal zum Arzt gehen.
(keine andere Formulierung möglich)

e Du brauchst mich nur anzurufen, dann komme ich sofort.
(Du musst mich nur anrufen, dann komme ich sofort.)

Menschen B1.2, Lehrerhandbuch 671903 © 2015 Hueber Verlag

Lektion 16 | 7b

Sprechtraining: Ein Thema präsentieren

Sie sollen ein Thema präsentieren. Dazu finden Sie hier fünf Folien. Folgen Sie den Anweisungen links und schreiben Sie Ihre Notizen und Ideen rechts daneben.

Stellen Sie Ihr Thema vor. Erklären Sie den Inhalt und die Struktur Ihrer Präsentation.

Folie 1

„Mensch, jetzt hilf uns mal!"

Sollen Kinder im Haushalt helfen?

Berichten Sie von einer Situation oder einem Erlebnis im Zusammenhang mit dem Thema.

Folie 2

Sollen Kinder im Haushalt helfen?

Meine persönlichen Erfahrungen

Berichten Sie von der Situation in Ihrem Heimatland und geben Sie Beispiele.

Folie 3

Sollen Kinder im Haushalt helfen?

Die Rolle der Kinder in meinem Heimatland

Nennen Sie Vor- und Nachteile und sagen Sie dazu Ihre Meinung. Geben Sie auch Beispiele.

Folie 4

Sollen Kinder im Haushalt helfen?

Vor- und Nachteile Meine Meinung

Beenden Sie Ihre Präsentation und bedanken Sie sich bei den Zuhörerinnen/ Zuhörern.

Folie 5

Sollen Kinder im Haushalt helfen?

Abschluss & Dank

Wassily Kandinskys Leben

a Lesen Sie die Informationen und formulieren Sie knapper.

1866	Geburt in Moskau	Wassily Kandinsky wird in Moskau geboren.
1871		Die Familie zieht nach Odessa. Die Eltern trennen sich.
1886–1892		Kandinsky studiert Jura und Volkswirtschaft in Moskau.
1892		Er heiratet seine Cousine Anja Tschimiakin.
1896		Er zieht nach München und besucht eine Malschule.
1900		Er beginnt ein Studium an der Kunstakademie München.
1902		Er lernt Gabriele Münter kennen.
1903		Er macht Münter einen Heiratsantrag.
1909		Münter kauft das „Russenhaus" in Murnau.
1910		Er reist nach Russland, stellt seine Bilder unter anderem in Odessa aus.
1911		Er gründet mit Münter und anderen die Künstlergruppe „Der Blaue Reiter". Er lässt sich von Anja Tschimiakin scheiden.
1914		Er flüchtet mit Münter in die Schweiz und kehrt dann ohne Münter zurück nach Russland.
1916		Kandinsky und Münter treffen sich zum letzten Mal bei einer Ausstellung in Stockholm.

Menschen B1.2, Lehrerhandbuch 671903 © 2015 Hueber Verlag

Lektion 17 4c

Wassily Kandinskys Leben

Jahr		Ereignis
1917		Er heiratet die Tochter eines Generals.
1922		Er zieht nach Weimar und arbeitet am Bauhaus.
1928		Kandinsky nimmt die deutsche Staatsbürgerschaft an.
1933		Das Bauhaus wird geschlossen. Kandinsky flieht nach Frankreich.
ab 1937		Er darf in Deutschland nicht mehr ausstellen.
1939		Er nimmt die französische Staatsbürgerschaft an.
1944		Er stirbt in Frankreich.

b Vergleichen Sie mit Ihrer Partnerin / Ihrem Partner. Hilfe finden Sie im Kursbuch.

Menschen B1.2, Lehrerhandbuch 671903 © 2015 Hueber Verlag

Schreibtraining: Eine halbformelle E-Mail schreiben

Ihr Kursleiter, Herr Schneider, hat den Besuch einer Ausstellung mit Bildern von Gabriele Münter organisiert. Zu dem Termin können Sie nicht kommen.

Schreiben Sie an Herrn Schneider. Entschuldigen Sie sich höflich und berichten Sie, warum Sie nicht kommen können.

Schreiben Sie eine E-Mail (ca. 40 Wörter).
Vergessen Sie nicht die Anrede und den Gruß am Schluss.

Menschen B1.2, Lehrerhandbuch 671903 © 2015 Hueber Verlag

Lektion 18 4e

Politische Themen

Zweiteilige Konjunktionen

Kärtchen mit Konjunktionen

✂

entweder … oder	entweder … oder	entweder … oder	entweder … oder
weder … noch	weder … noch	weder … noch	weder … noch
zwar …, aber	zwar …, aber	zwar …, aber	zwar …, aber
nicht nur …, sondern auch	nicht nur …, sondern auch	nicht nur …, sondern auch	nicht nur …, sondern auch
sowohl … als auch	sowohl … als auch	sowohl … als auch	sowohl … als auch

Menschen B1.2, Lehrerhandbuch 671903 © 2015 Hueber Verlag

Lektion 18 5b

Zweiteilige Konjunktionen

Kärtchen mit Beispielsätzen

... man interessiert sich für Politik ... nicht. Dazwischen gibt es nichts.	Politik ist ... oft kompliziert ... sehr wichtig.	Ich interessiere mich nicht für Politik. Ich gehe ... zur Wahl ... lese ich eine Tageszeitung.	Ich finde ... Frieden ... Bildung sehr wichtig.
entweder ... oder	zwar ..., aber	weder ... noch	nicht nur ..., sondern auch / sowohl ... als auch
Ich glaube, gute Politik zu machen, ist sehr schwierig. Ich möchte ... Kanzler ... Minister sein.	Man geht ... persönlich zur Wahl ... man macht Briefwahl.	Ich lese ... eine Zeitung ... ich sehe auch jeden Tag die Nachrichten.	Die meisten Menschen in Deutschland finden Demokratie ... wichtig ... zu den Wahlen gehen viele nicht.
weder ... noch	entweder ... oder	nicht nur ..., sondern auch	zwar ..., aber
Ich interessiere mich ... sehr für Politik ... ich würde nie in eine Partei eintreten.	In meiner Familie sind ... die Jüngeren ... die Älteren politisch aktiv. Selbst meine Oma geht auf Demonstrationen.	Ich würde gern diese Diskussionssendung sehen. ... ihr seid jetzt still ... ihr geht raus.	Ich weiß nicht, welche Partei ich wählen soll. ... die CDU ... die SPD vertritt meine Meinung.
zwar ..., aber	nicht nur ..., sondern auch / sowohl ... als auch	entweder ... oder	weder ... noch
... die Regierung bestimmt die Politik eines Landes ... die Opposition spielt eine wichtige Rolle dabei.	... falsche Wahlversprechen ... Politiker-Skandale halten mich davon ab, wählen zu gehen.	Ich finde den Klimaschutz ... wichtig ... ich fahre trotzdem mit dem Auto zur Arbeit.	Wenn dir die Politik nicht passt, kannst du ... demonstrieren ... eine Bürgerinitiative gründen.
nicht nur ..., sondern auch	weder ... noch	zwar ..., aber	entweder ... oder

Wörter im Text verstehen

Sehen Sie die markierten Wörter an: 9 sind falsch und 5 sind richtig. Finden Sie die Fehler und ergänzen Sie die richtigen Wörter aus dem Kasten. Vergleichen Sie anschließend mit dem Text im Buch.

Verlängerung | stehen | Meinung | Bereichen | Kandidat | aktuelle | Parteiprogramme |
übereinstimmen | wählen

Wählen ist ganz einfach. Die Grünen sitzen für Umweltschutz, die SPD für
soziale Gerechtigkeit, die CDU für christliche Werte. Sicher, es könnte so
einfach sein. Ist es aber nicht. Denn in manchen Problemen nähern sich die
Parteien stark einander an. So setzen sich inzwischen alle Parteien für
5 Umweltschutz ein.

Aber welche Partei war noch mal für Studiengebühren? Welche gegen eine
Geschwindigkeitsbeschränkung auf Autobahnen? Wer für eine Bildung der
Laufzeit der Atomkraftwerke? Eine Antwort auf all die Fragen geben zwar
die einzelnen Politiker, aber mal ehrlich: Wer liest die schon? Und am Ende
10 hört man dann die Partei, die man schon immer gewählt hat oder deren
Opposition am sympathischsten aussieht. Wer das vermeiden möchte,
dem kann der Wahl-O-Mat® helfen.

Der Wahl-O-Mat® stellt kurz vor den Wahlen alle Probleme und Themen
in Thesen zusammen. Diese lässt er von allen Parteien beantworten. Der
15 Wahl-O-Mat®-Nutzer klickt seine eigene Mehrheit dazu an. Seine Antworten
werden mit den Antworten der einzelnen Parteien verglichen. So bekommt
der Nutzer Auskunft darüber, mit welcher Partei er am ehesten funktioniert
und erhält eine echte Entscheidungshilfe.

These: DAS ERSTSTUDIUM SOLL GEBÜHRENFREI SEIN
○ stimme zu   ○ stimme nicht zu   ○ neutral   ○ These überspringen

Menschen B1.2, Lehrerhandbuch 671903 © 2015 Hueber Verlag

Lektion 18 7c

Domino

+ ung	dankbar	+ keit	optimistisch
+ ismus	zufrieden	+ heit	studieren
+ ent	frei	+ heit	aktiv
+ ismus	abonnieren	+ ent	Rad
+ ler	fröhlich	+ keit	meinen
+ ung	selten	+ heit	demonstrieren
+ ant	Wissenschaft	+ ler	ordnen
+ ung	touristisch	+ ismus	konkurrieren
+ ent	sauber	+ keit	lesen
+ er	feministisch	+ ismus	lehren
+ er	sicher	+ heit	arbeitslos !
+ keit	forschen	+ ung	werben

Memo-Spiel

Bildkarten A

Lektion 19 3

Memo-Spiel

Bildkarten B

Je … desto

viel	hungrig
teuer	gern
langsam	lustig
klein	schlecht
dick	groß
weit	dünn
gut	nah
alt	schnell

Menschen B1.2, Lehrerhandbuch 671903 © 2015 Hueber Verlag

Lektion 19 **6a**

Schreibtraining: Einen Diskussionsbeitrag schreiben

Sie haben eine Fernsehsendung über „Die Heidekönigin" gesehen. Im Online-Gästebuch der Sendung finden Sie folgende Meinung:

---

www.heidekönigin.de

Gästebuch
29.5.   19.43 Uhr

Klaus: Also, ich finde die Wahl einer Heidekönigin total blöd. Das ist doch altmodisch. Was soll das? Wenn die Lüneburger Heide so eine Werbung nötig hat, hat sie wohl nicht viel zu bieten. Was das alles kostet! Wer in die Heide fahren will, fährt auch ohne Heidekönigin hin. Und Informationen kann man doch ganz leicht im Internet finden, wenn man will.

Schreiben Sie nun Ihre Meinung (circa 80 Wörter).

_____

_____

_____

_____

_____

_____

_____

_____

_____

_____

_____

_____

Textverständnis sichern

Erinnern Sie sich? Was sollte man tun / nicht tun? Ergänzen Sie in eigenen Worten die Hüttenregeln.

1. Rechtzeitig reservieren:

_____

_____

2. Duzen:

_____

_____

3. Eigenes Essen:

_____

_____

4. Wanderschuhe:

_____

_____

5. Hüttenschlafsack:

_____

_____

6. Nachtruhe zwischen 6 und 22 Uhr:

_____

_____

7. Taschenlampe/Stirnlampe mitbringen:

_____

_____

8. Bezahlen:

_____

_____

9. Hüttenbucheintrag:

_____

_____

10. Müll mitnehmen:

_____

_____

Menschen B1.2, Lehrerhandbuch 671903 © 2015 Hueber Verlag

© Thinkstock/moodboard

Lektion 20 4

Rösselsprung

Sie spielen zu zweit und sitzen Ihrer Mitspielerin / Ihrem Mitspieler gegenüber. Stellen Sie Ihre Spielfigur auf ein Eck-Feld. Ziehen Sie Ihre Figur immer zwei Felder in gerader Linie und eins nach rechts oder links (=Rösselsprung, wie das Pferd im Schach). Sagen Sie zu dem Thema auf dem Feld einen Satz zum Leben auf einer Berghütte: Bei Wörtern **mit dieser Schrift** benutzen Sie *indem*, bei Wörtern *in dieser Schrift* benutzen Sie *sodass*. Das Wort auf dem Feld kann im Hauptsatz oder im Nebensatz vorkommen. Dann wird das Feld mit einer Münze oder einem Stück Papier abgedeckt. Wer nicht mehr auf ein freies Feld springen kann, hat verloren.

Schlafraum	*Unterkunft*	**Deckenlicht**	*Rucksack*
Schlafraum	*Unterkunft*	**Deckenlicht**	*Rucksack*
Gastraum	*Abfall*	**Duzen**	*Notfall*
Gastraum	*Abfall*	**Duzen**	*Notfall*
Stirnlampe	*Aussicht*	**Gondel**	*Proviant*
Stirnlampe	*Aussicht*	**Gondel**	*Proviant*
Ohrstöpsel	*Schlafsack*	**Hüttenbuch**	*Bargeld*
Ohrstöpsel	*Schlafsack*	**Hüttenbuch**	*Bargeld*

Sprechtraining: Gemeinsam etwas planen

Sie planen mit Ihrer Partnerin / Ihrem Partner zusammen eine dreitägige Wanderung in den Alpen. Überlegen Sie, was Sie organisieren müssen.

Sprechen Sie über die Punkte unten, machen Sie Vorschläge und reagieren Sie auf die Vorschläge Ihrer Gesprächspartnerin / Ihres Gesprächspartners.
Planen und entscheiden Sie gemeinsam, was Sie tun möchten.

Dreitägige Wanderung

– *Wie hinkommen?*

– *Welche Unterkunft?*
  (Hotel, Zelt, Hütte ...)

– *Proviant?*

– *Was noch mitnehmen?*

...

_____

_____

_____

_____

_____

_____

_____

_____

Menschen B1.2, Lehrerhandbuch 671903 © 2015 Hueber Verlag

Ein Rätsel schreiben

Arbeiten Sie zu zweit. Schreiben Sie in jede Zeile ein Wort aus dem Bildlexikon. Sie müssen nicht immer im ersten Kästchen beginnen. Kästchen, die leer bleiben, machen Sie schwarz. Übernehmen Sie die schwarzen Felder in das Rätsel unten. Schreiben Sie als Erklärung zu jedem Begriff Ihre Assoziationen, wie im Kursbuch. Geben Sie dieses Rätsel einem anderen Paar.

RÄTSEL MIT LÖSUNG

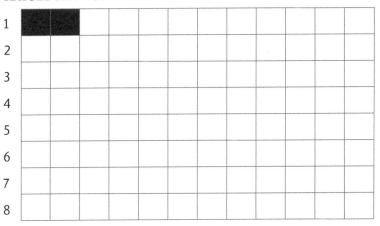

✂ -

RÄTSEL OHNE LÖSUNG

1 _____

2 _____

3 _____

4 _____

5 _____

6 _____

7 _____

8 _____

Spiel

Wo gibt es das in der Stadt, in der Sie gerade sind? Beschreiben Sie wie im Hörtext in 5b.

Stellen Sie Ihre Spielfigur auf das Startfeld. Werfen Sie eine Münze. Bei „Zahl" gehen Sie ein Feld vor, bei „Kopf" zwei Felder. Beschreiben Sie: Wo gibt es das in der Stadt, in der Sie gerade sind? Legen Sie dann ein Streichholz auf das Feld – dieses Feld darf nicht mehr benutzt und mitgezählt werden. Gewonnen hat, wer zuerst das Ziel erreicht.

Menschen B1.2, Lehrerhandbuch 671903 © 2015 Hueber Verlag

Menschen B1.2, Lehrerhandbuch 671903 © 2015 Hueber Verlag; Würfel © iStockphoto/hocus-focus; Zeichnungen © Hueber Verlag/Michael Mantel

Lektion 21 | 7b

Das Tournee-Spiel

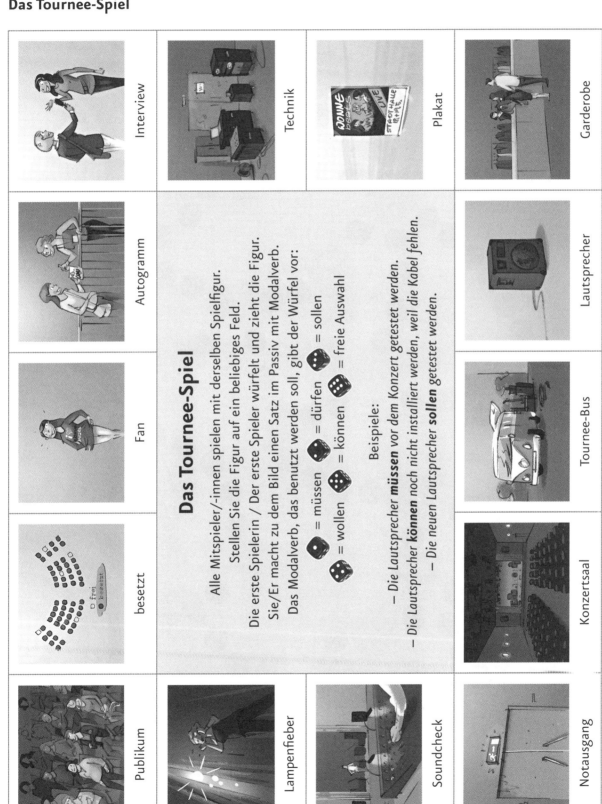

Das Tournee-Spiel

Alle Mitspieler/-innen spielen mit derselben Spielfigur.
Stellen Sie die Figur auf ein beliebiges Feld.
Die erste Spielerin / Der erste Spieler würfelt und zieht die Figur.
Sie/Er macht zu dem Bild einen Satz im Passiv mit Modalverb.
Das Modalverb, das benutzt werden soll, gibt der Würfel vor:

= müssen   = dürfen   = sollen

= wollen   = können   = freie Auswahl

Beispiele:

– Die Lautsprecher **müssen** vor dem Konzert getestet werden.
– Die Lautsprecher **können** noch nicht installiert werden, weil die Kabel fehlen.
– Die neuen Lautsprecher **sollen** getestet werden.

Interview · Technik · Plakat · Garderobe · Autogramm · Fan · besetzt · Lautsprecher · Tournee-Bus · Konzertsaal · Publikum · Lampenfieber · Soundcheck · Notausgang

109

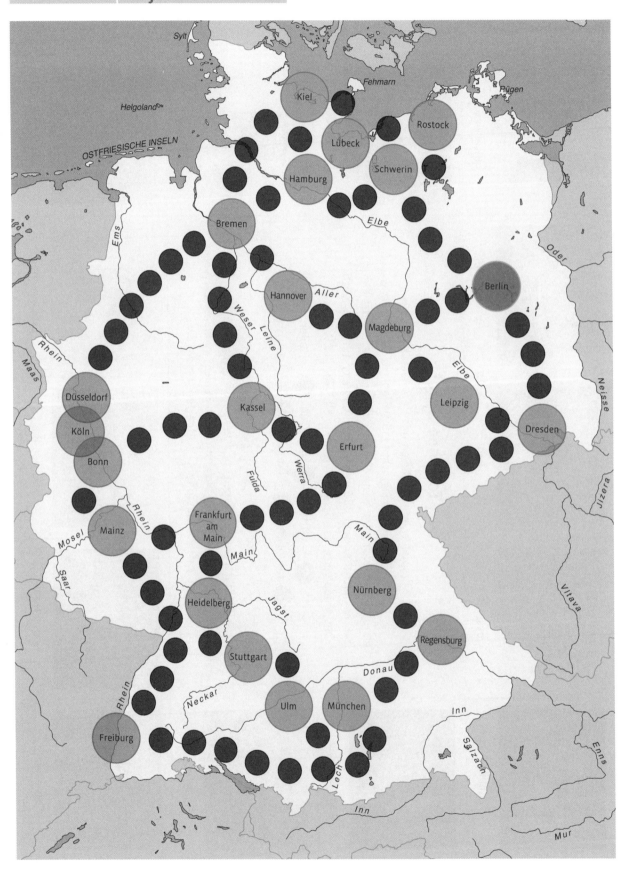

Menschen B1.2, Lehrerhandbuch 671903 © 2015 Hueber Verlag; Karte © Digital Wisdom

Lektion 22 | 2

Geschichtliche Ereignisse

Mauerbau

Euro

Soldat

(Welt-)Krieg

Denkmal

friedliche Revolution

Gefängnis

Europäische Union

Luftbrücke

Frieden

Nationalfeiertag

Menschen B1.2, Lehrerhandbuch 671903 © 2015 Hueber Verlag; Zeichnungen © Hueber Verlag/Michael Mantel

Sprechtraining: Gemeinsam etwas planen

Sie planen mit Ihrer Partnerin / Ihrem Partner zusammen einen Besuch in einem Museum an Ihrem Kursort. Der ganze Deutschkurs soll teilnehmen. Überlegen Sie, woran Sie denken müssen.

Sprechen Sie über die Punkte unten, machen Sie Vorschläge und reagieren Sie auf die Vorschläge Ihrer Gesprächspartnerin / Ihres Gesprächspartners. Planen und entscheiden Sie gemeinsam, was Sie tun möchten.

Einen Besuch im Museum planen

– *Welches Museum?*

– *Wann?*

– *Wo treffen?*

– *Wie hinkommen?*

– *Was hinterher machen?*

...

Menschen B1.2, Lehrerhandbuch 671903 © 2015 Hueber Verlag

Lektion 23 4

Satzbauspiel

Sie brauchen für jede Spielerin / jeden Spieler Papierstückchen/Klebezettel in einer Farbe, bei
vier Spielerinnen/Spielern also vier Farben. Bilden Sie Sätze mit *ohne dass, ohne … zu, (an)statt
dass, (an)statt … zu*. Benutzen Sie dazu möglichst viele Wörter aus dem Spielplan. Jedes Wort des
Spielplans, das in Ihrem Satz vorkommt, wird mit einem Papierstückchen oder Klebezettel Ihrer
Farbe abgedeckt.
Beispiel: *Es gibt bei mir kein Frühstück, ohne dass ich Honig esse und Kaffee trinke.* → *Frühstück, Honig* und
Kaffee werden abgedeckt.
Die Sätze werden reihum gebildet. Das Spiel endet, wenn keine Spielerin / kein Spieler mehr
einen Satz machen kann. Gewonnen hat, wer am Ende die meisten Papierstücke/Klebezettel
auf dem Spielplan hat.

Regenschirm	Hörbuch	Arbeit	Einladung
Stadt	Bildung	Honig	Gehalt
Kaffee	Kontokarte	Straßen	Smartphone
Sport	Flugzeug	Tee	Büro
Team	Mahlzeit	Grillfest	Fahrrad
Wörterbuch	Postkarte	Talent	Glücksgefühl
Sternenhimmel	Wolldecke	Auto	Film
Blumen	Park	im Freien	Schule
Zugfahrt	Lebenserfahrung	Land	Politiker
Urlaub	Universität	Frühstück	Zug
Bargeld	Müll	Schokolade	Kartoffelsalat
E-Mail	Regen	Biene	Abenteuer

Meinungsäußerung

a Ergänzen Sie die Sätze.

recht | zustimmen | Meinung | Rolle | interessiert | mir | ganz | Meinetwegen | halte |
darüber | Standpunkt | nichts

Davon _____ ich nicht viel.

Das spielt keine _____.

Ärgerst du dich denn nicht _____?

Ich bin voll und _____ deiner Meinung.

Ich bin völlig anderer _____. Mein _____ ist, dass …

Nein, das ist _____ ganz egal/gleich.

_____ kann jeder das so machen, wie er möchte.

Doch, du hast _____.

Macht dir das _____ aus?

Ich kann dir da nur/nicht _____.

Das _____ mich nicht.

b Schneiden Sie die Sätze oben aus und ordnen Sie sie zu.

Zustimmung/Ablehnung	Gleichgültigkeit	Rückfrage

Menschen B1.2, Lehrerhandbuch 671903 © 2015 Hueber Verlag

Textarbeit

Sehen Sie sich die Stichworte an. Schreiben Sie mithilfe der Stichworte einen Text
zu der Überschrift. Es sollen möglichst viele Stichworte vorkommen.

40 Leute | eine Vision von unserem Dorf | Hindernisse überwinden | Kompromisse schließen | gemeinsam
ein Dorf bauen | unser Leben miteinander teilen | sich zwei Jahre regelmäßig treffen und sich kennen-
lernen | Fantasie | Entscheidungen treffen und Einzelheiten festlegen | Gemeinschaft: sich unterstützen
und Verantwortung übernehmen | Konflikte: gute Lösungen und Kritik | Vielfalt: viele Ideen, aus denen
Neues entsteht

Das Menschendorf:
Zusammen ist man weniger allein!

_____

_____

_____

_____

_____

_____

_____

_____

_____

_____

_____

_____

_____

_____

_____

Rundlaufspiel

Ich lerne Deutsch, …

Die „Wonnebeats" machen vor jedem Konzert einen Soundcheck, …

Den Sommer verbringe ich am Meer, …

Ich sehe immer alle neuen Wörter im Wörterbuch nach, …

Die Lüneburger Heide hat eine Heidekönigin, …

Das GPS auf meinem Smartphone ist praktisch, …

Ich lese regelmäßig Zeitung, …

Ich habe ein extra dickes Wörterbuch, …

In einer Berghütte gibt es Regeln, …

Ich brauche mein Smartphone, …

Einmal in der Woche rufe ich meine Familie an, …

Wir fahren in die Berge, …

Ein Deutsch-Zertifikat zu haben, ist wichtig, …

Kinder sollten in den ersten drei Jahren (nicht) zu Hause bleiben, …

Im Museum ist ein Audioguide wichtig, …

Du kannst den Wahl-O-Mat® benutzen, …

Wir machen regelmäßig Sport, …

Man sollte sich regelmäßig mit seinen Nachbarn treffen, …

Es gibt im Supermarkt viele Sonderangebote, …

Es ist sinnvoll, auf Radwegen Scherben zu entfernen, …

Rundlaufspiel

Jede Spielerin / Jeder Spieler stellt seine Spielfigur auf ein beliebiges Feld.
Die Spielerin / Der Spieler mit den kleinsten Füßen beginnt.
Sie/Er zieht die Figur entsprechend der gewürfelten Zahl.

Bei ⚀ ⚁ ⚂ setzen Sie den Satz mit **um … zu** fort,

bei ⚃ ⚄ ⚅ mit **damit**.

Beispiel: Die „Wonnebeats" machen vor jedem Konzert einen Soundcheck, **damit** das Publikum den besten Sound bekommt.

Menschen B1.2, Lehrerhandbuch 671903 © 2015 Hueber Verlag; Würfel © iStockphoto/hocus-focus

Lektion 24 | 7b

In meiner Kindheit

Kinder haben viel Fantasie. Besonders gern machen sie Rollenspiele: Sie tun so, als ob sie erwachsen wären und bestimmte Berufe hätten oder als ob sie bestimmte Personen wären oder sogar andere Lebewesen: eine Schauspielerin, ein Tier, ein Wesen von einem anderen Planeten … Was haben Sie als Kind gespielt? Notieren Sie. Erzählen Sie dann Ihrer Partnerin / Ihrem Partner davon. Die Satzanfänge helfen Ihnen.

Ich habe so getan, als ob …

Beispiel: *Ich habe so getan, als ob mein Fahrrad ein Motorrad wäre.*

_____

_____

_____

_____

_____

Es schien mir (so) / Es kam mir so vor, als ob …

Beispiel: *Es kam mir so vor, als ob ich unter dem Tisch in einem richtigen Haus wäre.*

_____

_____

_____

_____

_____

Ich habe mich gefühlt, als ob … / Es hat sich (für mich) angefühlt, als ob …

Beispiel: *Ich habe mich gefühlt, als ob ich meine Puppe wirklich operieren würde. / Es hat sich für mich angefühlt, als ob ich wirklich Chirurgin wäre.*

_____

_____

_____

_____

Wörter

Name: _____

1 Ordnen Sie zu und schreiben Sie die Wörter in der richtigen Form.

Bank | peinlich | beißen | reden | ~~Dialekt~~ | folgen | erschrecken | Bedeutung | undeutlich

a In Deutschland sprechen viele Menschen Dialekt, in Dresden zum Beispiel Sächsisch.

b Ich spreche nun schon recht gut Deutsch. Neulich haben wir aber in der WG eine Party gefeiert. Da haben viele Leute durcheinander _____ und ich konnte dem Gespräch nicht _____.

c Bei einem Praktikum in Schottland habe ich mal auf Englisch gesagt: *Da müssen wir noch den Chef fragen.* Die Kollegen haben mich ganz komisch angesehen. Das war _____. Ich habe erst später herausgefunden, dass die _____ von *chef* im Englischen *Küchenchef* ist.

d Mein kleiner Sohn hat in sein Brötchen _____ und mir etwas erzählt. Er hat natürlich so _____ gesprochen, dass ich ihn nicht verstanden habe.

e Gestern war ich in der _____ und wollte Geld holen. Plötzlich war da ein Mann mit Mütze über dem Gesicht! Ich bin so _____! Zum Glück war es nur ein Fahrradfahrer, der eine Mütze gegen die Kälte auf dem Kopf hatte.

_____ / 8 Punkte

2 Ergänzen Sie.

Die Volkshochschulen haben vielfältige K u r s a n g e b o t e, vor allem
im Bereich E __ __ __ ch __ __ __ __ __ b __ __ d __ __ g. Bei vielen Kursen sind
für die Teilnehmer keine Vorkenntnisse n __ __ __ __ e __ __ __ __ __.
Hier ak __ __ __ l __ __ Beispiele:
– Der erste E __ __ __ __ __ __ __ k zählt: Wir zeigen Ihnen, wie Sie Ihren __ t __ __ __
und Ihre __ __ __ mm __ dafür trainieren.
– Kostenlose S __ __ __ w __ __ __ aus dem Internet __ er __ __ t __ __ l __ __ __ __ __ __:
Was sind die Möglichkeiten, was sind die __ __ f __ h __ __ __ __?
– Neues Essen und fremde __ ult __ __ __ __ auf den Tisch: So kochen Sie mit
exotischen __ __ wü __ __ __ __ __ neue Gerichte.

_____ / 11 Punkte

3 Finden Sie noch acht Wörter aus dem Wortfeld *Arbeit* und notieren Sie sie mit Artikel.

por | Re | wer | dus | ~~Un~~ | ar | Wis | ~~neh~~ | Pres | schaft | se | mel | trie | Schicht | zial | ter | arbeit |
ter | In | dung | So | bei | sen | Be | leh | ~~ter~~ | ler | sik | Phy | rer | bung | ~~men~~

a das Unternehmen _____   b _____   c _____

d _____   e _____   f _____

g _____   h _____   i _____

_____ / 8 Punkte

Menschen B1.2, Lehrerhandbuch 671903 © 2015 Hueber Verlag

Strukturen

4 Was ist richtig? Markieren Sie.

Neue Menschen kennenlernen und viel reisen ist für mich das Wichtigste im Leben.
Aus diesem Grund / Wegen möchte ich mein Hobby zum Beruf machen und Reiseführerin
werden. Lateinamerika finde ich wegen / nämlich der wunderschönen Natur und der
interessanten Geschichte besonders spannend, nämlich / darum lerne ich jetzt Spanisch.
Der Unterricht macht mir großen Spaß, deswegen / wegen gehe ich jede Woche wieder gern hin.
Morgen stellt mir meine Freundin ihren Kollegen aus Mexiko vor. Ich möchte wegen / nämlich
gern mal mit einem Muttersprachler Spanisch sprechen. Ob er wohl darum / wegen meiner
Aussprache lachen wird?

_____ / 5 Punkte

5 Ergänzen Sie in der richtigen Form.

a Workshop *Karrierewege:* Sie sind noch auf der Suche nach dem **passenden** (passen) Beruf?
Entdecken Sie Ihre _____ (verstecken) Talente und Ihr neues
(Berufs-)Leben kann beginnen!

b Bitte beachten Sie: Nicht vollständig _____ (ausfüllen) Formulare müssen
Sie bis zum 31.3. ergänzen. _____ (fehlen) Unterlagen können Sie ebenfalls
nur bis 31.3. abgeben. Nach dem 31.3. _____ (abgeben) Anmeldungen
werden nicht mehr berücksichtigt. Wir bitten um Verständnis.

c Sie erwarten von Ihrer Versicherung auch in schwierigen Situationen _____
(umfassen) Hilfe? Wechseln Sie jetzt zur *Sinawa.* Unser bestens _____
(vorbereiten) Team der Kundenbetreuung freut sich auf Sie.
Kostenlose Informationen unter: 040 / ...

d Bei uns gibt es ihn noch, den perfekt _____ (decken) Kaffeetisch: mit
_____ (duften) Kaffee, frisch _____ (backen) Kuchen,
Vasen mit _____ (blühen) Blumen ... Café Sieglinde, Augustenstraße

_____ / 10 Punkte

6 Schreiben Sie Sätze.

In meinem Traumjob möchte ich ...

In meinem Traumjob möchte ich ...
a ... nicht nur viel Geld verdienen, sondern auch
einen Firmenwagen haben.

a (nicht nur, sondern auch / viel Geld
verdienen / einen Firmenwagen haben)
b (sowohl ... als auch / jeden Tag um 15 Uhr gehen können / viel Urlaub haben)
c (nicht nur, sondern auch / leichte Aufgaben / herausfordernde Aufgaben / haben)
d (sowohl ... als auch / allein / im Team / arbeiten)
e (nicht nur, sondern auch / tolle Kolleginnen und Kollegen / netten Chef / haben)
f (sowohl ... als auch / Pressemeldungen / schreiben / korrigieren dürfen)

_____ / 5 Punkte

Kommunikation

7 Missverständnisse: Ordnen Sie zu.

das habe ich nicht richtig verstanden | gab es ein Missverständnis | ~~Als ich~~ | ist mir Folgendes passiert |
Wegen seiner Aussprache | Ich war einmal | Da habe ich gemerkt

<u>Als ich</u> in Frankfurt gewohnt habe, _____:
_____ in der Stadt unterwegs und da hat mich ein älterer
Mann nach der „Kirschstraße" gefragt. Ich kannte Frankfurt gut, aber eine Kirschstraße
kannte ich nicht. Ich habe gesagt: „Ich glaube, _____.
Welche Straße suchen Sie?" „Die Kirschstraße." _____,
dass der Mann hessischen Dialekt gesprochen hat: „ch" klingt in diesem Dialekt oft wie „sch".
Aus diesem Grund _____. Der Mann meinte die Kirchstraße.
_____ hatte ich ihn zuerst nicht richtig verstanden.

_____ / 6 Punkte

8 Ordnen Sie zu.

Vorkenntnisse sind nicht notwendig | haben Sie die Möglichkeit | Ganz praktisch üben wir |
Dieser Kurs ist für alle, die | Außerdem erhalten Sie | ~~Sie interessieren sich für~~

Kurs B 73/03: Kräuter in freier Natur kennenlernen und genießen
<u>Sie interessieren sich für</u> gesunde Ernährung und gehen gern spazieren?
_____ gern draußen unterwegs sind und gesund essen
wollen. In unserem Kurs _____, beides mit-
einander zu verbinden! Auf einem Spaziergang lernen Sie, wo im Wald und auf Wiesen ge-
sunde Kräuter wachsen und in welchem Monat man sie am besten essen sollte.
_____, verschiedene Pflanzen zu erkennen.
_____ leckere Rezepte und Kochideen für die vitamin-
reichen Alleskönner. _____.

_____ / 5 Punkte

9 Im Bewerbungsgespräch: Lesen Sie und ordnen Sie die Sätze.

○ ◆ Genau, wir haben im Moment zwei Stellen frei. Warum möchten Sie denn gerade
bei uns arbeiten?

○ ● Gern. Hm, es fällt mir leicht, mit unterschiedlichen Menschen zusammenzuarbeiten.
Ich erledige meine Aufgaben sowohl schnell als auch zuverlässig. Na ja, manchmal bin
ich vielleicht etwas ungeduldig.

① ● Ich habe mir Ihr Unternehmen im Internet angeschaut und gesehen, dass Sie Physiker
suchen.

○ ◆ Ja, das kenne ich auch. Gut, Herr Thaller, wir melden uns dann in einigen Tagen bei Ihnen.
Schön, dass Sie hier waren.

○ ◆ Ja, ganz richtig. Erzählen Sie mir doch noch etwas über sich.

○ ● Vielen Dank. Auf Wiedersehen.

○ ● Ich denke, dass ich bei Ihnen viele Möglichkeiten habe, weil Sie ein großes, international
arbeitendes Unternehmen sind. Ich spreche nicht nur Englisch und Französisch, sondern
auch Portugiesisch. Und Sie haben große Firmen in Brasilien, wie ich weiß.

_____ / 6 Punkte

Menschen B1.2, Lehrerhandbuch 671903 © 2015 Hueber Verlag

Lesen

10 Missverständnisse: richtig oder falsch? Lesen Sie die Forumsbeiträge und kreuzen Sie an.

Maria#83: Meine Muttersprache ist Italienisch. Mit Anfang 20 hatte ich einen spanischen Freund, Adrian. Ich habe dann auch eine Zeit lang in Spanien gewohnt. Anfangs konnte ich noch nicht gut Spanisch und wenn ich Wörter nicht wusste, habe ich einfach die italienischen verwendet und Spanisch ausgesprochen. Das ist dann einmal richtig schiefgegangen: Ich wollte Adrians Mutter eine peinliche Geschichte erzählen, die mir passiert war. *Peinlich* heißt auf Italienisch *imbarazzante*, daraus habe ich *embarazada* gemacht – jedenfalls hat Adrians Mutter das verstanden! Sie hat mich mit großen Augen angesehen und war plötzlich ganz still. Wisst ihr, was das heißt? Sie dachte, ich bekomme ein Kind!

CRISTONET: Einmal haben meine Frau und ich meinen ungarischen Kollegen Laszlo in seiner Wohnung besucht. Er hat für uns ungarisch gekocht, das war total lecker. Später haben wir gesagt, wie schön seine Wohnung ist. Da hat er geantwortet: „Danke. Ich habe mich gerade erst umgezogen." Wir mussten ein bisschen lachen, aber er hat nichts bemerkt. Gut, dass wir im Büro immer nur Englisch miteinander reden … Oder gibt es da vielleicht noch mehr Missverständnisse?

	richtig	falsch
a Maria kommt aus Spanien.	○	○
b Adrians Mutter hat sich sehr gefreut.	○	○
c Maria war schwanger.	○	○
d Laszlo hatte eine neue Wohnung.	○	○
e Die Gäste haben Laszlo gesagt, dass er einen Fehler gemacht hat.	○	○
f Bei der Arbeit sprechen die Kollegen nie Deutsch miteinander.	○	○

_____ / 6 Punkte

Schreiben

11 Ergänzen Sie die Notizen und schreiben Sie dann ein formelles Bewerbungsschreiben. Denken Sie auch an einen passenden Schluss.

1 Das ist Ihre Ausbildung / Ihr Beruf: _____

2 Diese Erfahrungen haben Sie schon gesammelt: *Kunden betreut, Projekt geleitet …* _____

3 Das ist für Sie leicht / Das können Sie gut / Ihre Stärken: _____

4 Ihre Sprach- und/oder Computerkenntnisse: _____

Sehr geehrte Damen und Herren,
mit großem Interesse …
1
2
3
4
Sollten Sie noch Fragen …
Über eine Einladung …

_____ / 14 Punkte

Gesamt: _____ / 84 Punkte

Name: _____

1 Ordnen Sie zu und schreiben Sie die Wörter in der richtigen Form.

Generation | küssen | ~~Krieg~~ | trennen | begegnen | Ratschlag | aufregen | Konflikt

a Mein Cousin hatte mit seinem Nachbarn einen richtigen _Krieg_. Es gab jeden Tag Streit und beide haben sich jedes Mal fürchterlich _____.

b Wenn mehrere _____ in einem Haus wohnen, gibt es oft _____.

c Meine Großeltern sind sich schon mit 16 Jahren _____ und sie lieben sich noch immer. Ihr _____ für eine glückliche Ehe ist, sich jeden Abend vor dem Einschlafen zu _____. Sie machen das seit 70 Jahren, jeden Tag!

d Paare, die sich immer wieder wegen derselben Dinge streiten, sollten über eine Paartherapie nachdenken, bevor sie sich _____.

_____ / 7 Punkte

2 Wie heißt ein berühmtes Musikstück von Modest Mussorgsky? Lösen Sie das Rätsel und finden Sie die Lösung.

a schwarz/weiß ≠ ...
b Das Jahr, in dem man zur Welt gekommen ist: ...
c Ein Jahr vor der Hochzeit hat Markus mir einen romantischen ... gemacht.
d Im Museum wird Kunst ...
e Frauen und Männern sollen dieselben Rechte haben; sie sind ...
f Ich habe dich ja so gern. Du bist einfach mein ...!
g Das ist ja toll/super/...!
h Gewitter = Blitz und ...
i Dort kauft man Kunst: in der ...

Lösung: Bilder einer _____

_____ / 8 Punkte

3 Finden Sie noch sieben Wörter aus dem Wortfeld *Politik* und notieren Sie sie mit Artikel.

mons | heit | Par | De | ~~tia~~ | ~~ger~~ | tie | Mehr | Re | tion | po | rung | ~~Bür~~ | kra | ~~ini~~ | mo | ~~tive~~ | Op | si | Par | la | gie | tei | De | tra | ment | tion

a _die Bürgerinitiative_   b _____   c _____

d _____   e _____   f _____

g _____   h _____

_____ / 7 Punkte

Menschen B1.2, Lehrerhandbuch 671903 © 2015 Hueber Verlag

Strukturen

4 Ordnen Sie zu und schreiben Sie die Verben in der richtigen Form.

aufpassen + müssen | ~~gewöhnen + müssen~~ | putzen + brauchen | kümmern + müssen |
geben + brauchen | machen + brauchen

a Meine Firma schickt mich immer wieder für ein paar Wochen nach Thailand. Zuerst
musste ich mich an das Leben und Arbeiten im Ausland _gewöhnen_, jetzt gefällt es mir aber
sehr gut. Die Kollegen sind nett und ich genieße, dass ich keine Wohnung aufräumen und
sauber _____ – ich wohne nämlich immer im Hotel.

b Kannst du bitte meine Katze füttern, während ich im Urlaub bin? Du _____
ihr nur Wasser und Futter _____. Das Katzenklo _____
du nicht _____.

c Meine kleine Schwester ist zehn Jahre jünger als ich. Ich _____ früher
immer auf sie _____. Meine Freunde _____ sich nie
um jemanden _____. Das fand ich total unfair.

_____ / 5 Punkte

5 Ordnen Sie zu. Achten Sie dabei auf die Groß- und Kleinschreibung.

es regnet | es fällt | geht es | es ist | ~~es ist~~ | es wird | es geht | es ist

a Sitzt du immer noch am Schreibtisch? Hör doch auf zu arbeiten. _Es ist_ ja schon Abend.

b ● Wie _____ deiner Mutter? War sie nicht im Krankenhaus?

  ◆ _____ ihr schon besser. Danke.

c ● Glaubst du, _____ morgen auch wieder? Oder können wir an den See fahren?

  ◆ Ich glaube, _____ schön. Pack die Badesachen ein!

d _____ mir schwer, jeden Tag konzentriert zu lernen. Und Arno sagt,
  _____ nicht leicht, die Abschlussprüfung zu schaffen. Puh …

e Die Sonne scheint und mein neues Lieblingslied heißt: _____ Sommer in
  der Stadt!

_____ / 7 Punkte

6 Ergänzen Sie *entweder … oder, weder … noch, zwar … aber*.

a Die Lehrerin sagt _zwar_, wir sollen alle fleißig sein, _aber_ sie ist es ja selbst nicht! Die Klassen-
arbeit hat sie immer noch nicht korrigiert.

b ● Was für ein Eis möchtest du?

  ◆ Hm … Ich nehme _____ Erdbeere _____ Schokolade. Ach, Vanille gibt
  es ja auch … Ich kann mich einfach nicht entscheiden!

c ■ Sofia, du hast _____ dein Zimmer aufgeräumt _____ beim Spülen
  geholfen. Wir hatten doch klare Regeln!

d ● Was sagt der Wetterbericht für das Wochenende?

  ◆ _____ Sonne _____ Regen: Es bleibt weiter langweilig Grau in Grau.

e ■ Die Politiker versprechen _____, die Steuern zu senken, _____ nach der
  Wahl machen sie es doch nicht.

_____ / 4 Punkte

Kommunikation

7 Bildung für Mädchen. Ordnen Sie zu.

so oft ich konnte | kam bei uns nicht infrage | ~~war es sehr wichtig~~ | Ehrlich gesagt |
Das kann ich gut verstehen | wir uns heute gar nicht mehr vorstellen | Es kam mir darauf an

● Unseren Eltern _war es sehr wichtig_, dass meine Brüder eine gute Schulbildung bekamen.
Dass meine Schwester und ich auf das Gymnasium gehen, _____
_____. Ich war trotzdem fleißig in der Schule und war, _____
_____, in der Bibliothek, wo ich viel gelesen habe.
_____, später auch als Frau selbstständig sein
zu können.

◆ _____. Und konnten Sie später, als Sie verheiratet
waren und Familie hatten, weiter arbeiten? Bis in die 70er-Jahre durften Frauen ja nur arbeiten,
wenn ihre Männer das erlaubt haben. _____, das
können _____!

● Tja, und doch war es so! Aber mein Mann war ganz wunderbar. Wir haben uns schon damals
beide um Arbeit und Familie gekümmert. _____ / 6 Punkte

8 Eine bekannte Persönlichkeit. Ergänzen Sie.

August Macke _w i r d_ am 3. Januar 1887 im Sauerland _g e b o r e n_. N _____ der
S ___ u ___, die er vorzeitig abbricht, beginnt er eine A ___ b _____ g
als Maler an verschiedenen Kunstakademien und -schulen. ___ t 20 ___ hr ___ reist er
nach Paris und lernt die Malerei des Impressionismus kennen, die ihn sehr beeindruckt.
Im S _____ r 1910 k _____ sein erster Sohn Walter ___ W____,
drei Jahre später Wolfgang. 1911/12 werden seine Bilder bei Ausstellungen der Künstlergruppe
„Der Blaue Reiter" gezeigt. Später verlässt er diese Gruppe. Im E _____
We ___ k _____ kämpft Macke in Frankreich. Er ___ i _____ mit nur
27 Jahren, am 26. September 1914 in der Champagne. _____ / 7 Punkte

9 Ordnen Sie zu.

Das sehe ich nicht | Unbedingt | ~~Davon halte ich nicht viel~~ | Das ist doch Unsinn | Ganz meine Meinung |
Meiner Meinung nach

> **Nach vielen Diskussionen müssen Studierende an deutschen Universitäten
> keine Studiengebühren mehr bezahlen. Was sagen Sie dazu?**
> a Keine Studiengebühren mehr für niemanden? _Davon halte ich nicht viel._ So ein Studium
>   ist teuer, und viele junge Leute wissen nicht, was genau sie studieren möchten, und pro-
>   bieren erst einmal aus. Dafür sollten nicht wir alle zahlen.
> b Es gibt zu wenig Hochschuldozenten. Viele Vorlesungen und Seminare sind überfüllt.
>   _____ brauchen wir Studiengebühren, um die Lehre zu
>   verbessern.
> c Die Lehre verbessern? _____! Nur zeigt die Erfahrung der
>   letzten Jahre, dass die Gebühren die Situation der Studierenden gar nicht verbessern.
>   Das Geld wird anderswo ausgegeben!

Menschen B1.2, Lehrerhandbuch 671903 © 2015 Hueber Verlag

d _____! Viele Unis durften die Gebühren überhaupt nur für die Lehre verwenden. Studiengebühren waren gut, gerade für die Studierenden!

e _____ so. Ich finde, Studiengebühren fördern, dass nur Kinder reicher Eltern studieren. Dabei reden wir seit Jahren davon, dass alle die gleichen Chancen haben sollen! Und wer will schon im Studium Schulden machen?

f _____. Es ist gut, dass es keine Studiengebühren mehr gibt.

_____ / 5 Punkte

Lesen

10 Online-Gästebuch einer Sendung

Sie haben im Fernsehen eine Sendung zum Thema „Kind und Karriere" gesehen. Im Online-Gästebuch finden Sie folgende Meinung. Lesen Sie den Text und die Aussagen. Welche Aussagen drücken die gleiche Meinung aus, die Wiebke im Internet geschrieben hat? Kreuzen Sie an.

26.7. / 7:30 Uhr   Wiebke

Die Frauen in Deutschland werden leider immer später Mutter. Viele Frauen mit Universitätsabschluss bekommen sogar gar keine Kinder (in Westdeutschland fast 30 %)! Diese Zahlen finde ich erschreckend. Aber warum ist das so? Frauen haben viel Zeit und Geld in ihr Studium gesteckt und wollen erst einmal arbeiten, das ist völlig verständlich. Sie sagen sich: zuerst die Karriere, dann das Kind. Dabei vergessen sie, dass sie ja auch mit Kind weiterhin arbeiten und ihre Karriere verfolgen wollen und dass sie auch dann Unterstützung brauchen. Meiner Meinung nach ist das Wichtigste, dass Männer und Frauen gleichberechtigt sind und sich alle Arbeiten (Kinder, Haushalt, Geld verdienen) teilen. In so einer Partnerschaft kann man auch schon mit Mitte 20, zum Beispiel während des Studiums, Eltern werden.

---

a Ich finde es schlimm, dass viele Frauen kinderlos bleiben.   ☒

b Viele Frauen sagen sich: Zuerst möchte ich ein Kind, die Arbeit kommt danach.   ◯

c Frauen mit kleinen Kindern ist ihre Arbeit nicht mehr wichtig.   ◯

d Es kommt darauf an, dass die Frauen Partner haben, die sie unterstützen.   ◯

e Es wäre schön, wenn Frauen auch früher Kinder bekommen würden.   ◯

_____ / 4 Punkte

Schreiben

11 Schreiben Sie nun Ihre Meinung (circa 80 Wörter).

Machen Sie Notizen zu den Fragen.
Schreiben Sie dann einen Text.

– Sind die Frauen bei der Geburt ihres ersten Kindes in Ihrem Land eher jung oder alt?

– Sollten Frauen zuerst Karriere machen oder lieber früh Kinder bekommen?

– Wie sehen Sie die Rolle der Männer?

Land: ...
Alter beim ersten Kind: 20–25 J.
...

_____ / 6 Punkte

Gesamt: _____ / 66 Punkte

1 Ordnen Sie zu.

Landwirtschaft | Sport | ~~berufstätig~~ | Übernachtung | erholen | Gras | treiben |
umsonst | Campingplätze | Vieh | dankbar | leisten

Was ist euch wichtig im Urlaub?

◆ Ich bin Mutter von vier Kindern und voll *berufstätig*. Im Urlaub möchte ich mich einfach
nur _____ .

● Ich sitze den ganzen Tag im Büro. Im Urlaub will ich mich dann viel bewegen und
_____ _____ .

■ Einen teuren Urlaub können wir uns nicht _____ . Deshalb zelten wir gern.
_____ sind meistens günstiger als Hotels.

● Wer _____ Urlaub machen möchte, kann in der _____
helfen. _____ und Essen sind oft kostenlos, man muss nur mithelfen, zum
Beispiel _____ mähen oder das _____ füttern. Am Ende ist
man _____ , wieder ins Büro zu dürfen. ;-)

_____ / 11 Punkte

2 Ergänzen Sie.

Liebe Sofia,

gestern haben wir zum ersten Mal in einer **Hütte** (ütHte) übernachtet.
Die _____ (sucstiAh) ins Tal, die Ruhe – einfach wunderschön. Der Hütten-
_____ (itwr) hat uns herzlich empfangen und uns ein paar Regeln erklärt.
Die _____ (ifeSetl) mussten wir gleich _____ (ainueszhe), damit
der _____ (kDerc) draußen bleibt. Nach 22 Uhr sollten wir _____ (rhgui)
sein. Er hat auch _____ (vneraltg), dass wir uns ins Hüttenbuch eintragen. So kann
man _____ (ücerguevnlkt) Bergsteiger leichter finden. Ich fand das alles
sehr _____ (sivnllno). Zum Schlafen hatten wir nur einen leichten Schlafsack und
eine _____ (Dkece), aber das hat _____ (ahescgrueit). Und: Nach der
langen Wanderung habe ich so gut geschlafen wie lange nicht!

Liebe Grüße

Hannah

_____ / 11 Punkte

3 Ergänzen Sie.

a Im S t a d i o n finden zum Beispiel Fußballspiele und Konzerte statt.
b In der Bäckerei kauft man Brot, Brötchen und anderes __ __ __ ä __ __ .
c Dr. Schmitz ist bei seinen __ __ __ __ __ nt __ __ sehr beliebt.
d Möchten Sie Ihre Mäntel vielleicht an der G__ __ d__ r__ __ __ abgeben?

Menschen B1.2, Lehrerhandbuch 671903 © 2015 Hueber Verlag

e Bitte steigen Sie vom Fahrrad. In der __ __ß__ __ __g__ __z__ __ __ müssen Sie schieben.

f Habt ihr auch Hunger? Lasst uns doch in diese G__ __ __ __ __ __tt__ gehen.

g Ich gehe gern schwimmen, aber nur im See. __a__ __en__ä__ __ __ mag ich überhaupt nicht!

h Das neue __au__ __ __ __s ist super. Kleidung, Geschenke, Haushaltsgeräte. Die haben einfach alles!

i Wo lasse ich jetzt nur das Auto? Ah, da ist ja ein P__ __k__ __ __ __.

_____ / 8 Punkte

Strukturen

4 Sprichwörter: Bilden Sie Sätze mit *je ... desto/umso* und dem Komparativ.

a Man hat viel. Man will viel haben.

b Der Bauer ist dumm. Die Kartoffeln sind groß.

c Der Berg ist hoch. Das Tal ist tief.

d Man lebt lang. Man wird alt.

e Es ist spät am Abend. Die Gäste sind schön.

> a *Je mehr man hat, desto mehr will man haben.*

_____ / 4 Punkte

5 *Indem* oder *sodass*? Ergänzen Sie die Sätze

Reisetipps für heiße Urlaubsregionen:

a Nehmen Sie eine Reiseapotheke mit, (wichtigste Medikamente dabei haben).

b Vermeiden Sie Krankheiten, (Wasser vor dem Trinken abkochen).

c Schützen Sie sich vor der starken Sonne, (Sonnenhüte aufsetzen / passende Kleidung tragen).

d Machen Sie Ausflüge am frühen Vormittag, (zurück sein, wenn die Hitze am größten ist).

e Entspannen Sie in den ersten Tagen, (sich an das heiße Klima gewöhnen).

> a *sodass Sie die wichtigsten Medikamente dabei haben.*

_____ / 4 Punkte

6 Ordnen Sie zu und ergänzen Sie die fehlenden Endungen.

an ... entlang | ~~außerhalb~~ | um ... herum | innerhalb | außerhalb | innerhalb

a Im Stadtzentrum darf man nicht Auto fahren. Sie müssen _außerhalb_ parken.

b Ich habe den Job bekommen! _____ ein_____ Woche muss ich zusagen.

c Wir sind mit dem Rad von Dresden nach Hamburg gefahren, immer _____ d_____ Elbe (f.) _____.

d Nur der Seiteneingang ist offen. Gehen Sie einfach _____ d_____ Kirche _____.

e Gibt es denn _____ d_____ Parks keine Gaststätte?

f Leider rufen Sie _____ unser_____ Sprechzeiten an. Diese sind montags bis freitags ...

_____ / 5 Punkte

7 Schreiben Sie Sätze im Passiv.

a das Geschirr in die Küche bringen müssen

b die Tische sauber machen sollen

> a *Das Geschirr muss in die Küche gebracht werden.*

127

Menschen B1.2, Lehrerhandbuch 671903 © 2015 Hueber Verlag

c Proviant mitbringen dürfen
d die Lichter ausschalten sollen

e die Fenster schließen müssen
f die Schlüssel mitnehmen sollen

_____ / 5 Punkte

Kommunikation

8 In der Touristeninformation. Ergänzen Sie die Fragen.

a *Stadtführung durch die Innenstadt (mindestens 10 Personen)* ... W i s s e n S i e eigentlich s ch on, ob die Stadtführung am Nachmittag stattfindet?

b D_ _ _ _   _c_   S_ _   _ __w_ _   _ _ _ _ge__? Wo kann man denn mit Kindern gut essen gehen?

c Ich würde Sie g_ _ _ _   _tw_ _   _ _a_e_.   _i_ _   e_ _ d_ _ _ _   _u_ _ _ spezielle Angebote für allein reisende Personen?

d Ich _ _ _ _ _ _e   _ _ _r_ _   _ _ _ _s_ _ _, ob der Dom das ganze Wochenende über geöffnet ist.

_____ / 4 Punkte

9 Ordnen Sie zu.

Das wäre für mich undenkbar | Das finde ich unheimlich wichtig | lehne ich ab

Es kommt darauf an, wie man das sieht | kann schon verlangen | ~~Findet ihr das unfair~~

■ Wir waren am letzten Oktoberwochenende auf einer Hütte. Die Saison war zu Ende und die Hütte wurde geschlossen. Wir sollten deshalb mit dem Wirt aufräumen: Meine Frau und ich sind aber einfach losgegangen. *Findet ihr das unfair?*

● Ja! Die Hütte hat den ganzen Sommer über Wanderer empfangen. Man _____ _____, dass auch die Gäste helfen, wenn Hilfe gebraucht wird.

◆ _____. Für euch ist die Hütte wie ein Hotel. Und in einem Hotel mithelfen? _____. Aber diese Sichtweise _____: Die Berghütten gehören Vereinen, das heißt, jede/r hilft mit. _____. Nur deshalb ist die Übernachtung dort so günstig. Es war falsch, dass ihr einfach gegangen seid!

_____ / 5 Punkte

10 Ergänzen Sie.

Hallo, Leute! Welche Stadt in Deutschland würdet ihr für einen Wochenendausflug empfehlen?

a Ich finde ja, Weimar ist einer der schönsten Orte in Thüringen und immer einen B_____h w_____! Man f_____ _____t _____ _____ ein riesiges kulturelles _____, sondern auch die Atmosphäre einer kleineren Stadt, in der man sich gut erholen kann. Am m_____ b_____ hat mich p_____ der Besuch von Goethes Gartenhaus. Und _____ V_____ zu Berlin hat Weimar einfach die besten Würste: echte Thüringer Bratwürste. ;-)

b Ich empfehle euch eine kleine Stadt in der Nähe von München: Landshut. Auf k_____ F_____ v_____ dürft ihr die „Landshuter Hochzeit", ein großes Mittelalter-Fest. Landshut ist eine kleine Stadt, aber wir haben uns dort keine S_____ g_____t.

_____ / 6 Punkte

Menschen B1.2, Lehrerhandbuch 671903 © 2015 Hueber Verlag

Lesen

11 Richtig oder falsch? Kreuzen Sie an.

Herzlich willkommen!

Du bist jung, hast nicht so viel Geld und willst Berlin erleben und feiern. Das Junge-Hotel-Berlin begrüßt dich als einen von über 10.000 Gästen aus aller Welt, die uns jährlich besuchen!

Damit sich alle wohlfühlen, bitten wir euch, ein paar Regeln zu befolgen. Vielen Dank!
– Auch wenn ihr lang feiern wart: Bitte beachtet die Nachtruhe zwischen 22 Uhr und 7 Uhr, sodass die anderen Gäste ruhig schlafen können.
– Wer reserviert hat, reist bitte bis 19 Uhr an. Wenn wir bis dahin nichts von euch hören, vergeben wir die Zimmer an andere Gäste. Abreise bitte bis 10 Uhr.
– Handtücher bringt ihr bitte selbst mit, Bettwäsche wird von uns gestellt.
– Essen zu kochen sowie der Konsum von alkoholischen Getränken ist auf den Zimmern nicht erlaubt, bitte nutzt die Gemeinschaftsküche.
– Es gibt ein kleines Frühstück mit Selbstbedienung. Bitte räumt nach dem Essen das Geschirr ab und wischt die Tische ab.

Wir wünschen euch einen tollen Aufenthalt in Berlin!

---

		richtig	falsch
a	Die Übernachtung ist relativ teuer.	○	X
b	Das Hotel empfängt Gäste aus vielen verschiedenen Ländern.	○	○
c	Man muss reservieren, wenn man im Hotel übernachten möchte.	○	○
d	Bettwäsche muss man selbst mitbringen.	○	○
e	Es gibt eine Küche, in der man kochen kann.	○	○
f	Frühstück muss man in der Küche selbst vorbereiten.	○	○

_____ / 5 Punkte

Schreiben

12 Beantworten Sie die folgenden Fragen und schreiben Sie einen Werbetext für einen Ort (in Ihrem Land). Die Ausdrücke im Kasten helfen Ihnen.

… ist einer der schönsten Orte in … | … hat die nettesten … | Hier finden Sie nicht nur …, sondern auch … / sowohl … als auch … | Besonders empfehlenswert ist … | … dürfen Sie auf keinen Fall verpassen / versäumen. | … ist immer einen Besuch wert. | Wenn Sie neugierig geworden sind, dann …

– Welcher Ort (in Ihrem Land) ist für Touristen besonders interessant?
– Welche Sehenswürdigkeiten gibt es dort?
– Was kann man erleben (Kultur, Natur, Veranstaltungen …)?
– Was ist Ihr ganz besonderer Tipp?

_____ / 8 Punkte

Gesamt: _____ / 76 Punkte

Menschen B1.2, Lehrerhandbuch 671903 © 2015 Hueber Verlag

Wörter

1 Politik, Politik. Ergänzen Sie.

a Ein wichtiges Ereignis im Januar 2002? Die <u>Einführung</u> (ifnüuhrnEg) des Euro in
   zwölf Ländern der _____ _____ (Euhorpiscäen Unoni).

b Wir _____ (rfondre) gleiche Rechte für alle.

c Wer nicht für etwas ist, ist dagegen; er ist ein _____ (enreGg).

d Der 3.10. ist der _____ (aoNeiertatinalfg) in Deutschland.

e Die Staaten sollen Konflikte friedlich lösen, also ohne _____ (tGeawl).

_____ / 5 Punkte

2 Ergänzen Sie die Wörter in der richtigen Form.

Konsum | ~~Strom~~ | Anbieter | Mobilität | verbrauchen | Stecker | Energie | Badewanne

a Zahlen auch Sie zu viel für Öko<u>strom</u> und _____? Wechseln Sie doch einfach
   zu günstigeren _____. Wir beraten Sie gern!

b Busse und Bahnen für Bremen. Wir kümmern uns um Ihre _____.

c Wussten Sie, dass eine volle _____ etwa 140 Liter Wasser enthält? Duschen
   _____ weniger Wasser.

d Was hilft gegen den steigenden Energie_____? Öfter mal den _____ ziehen!

_____ / 7 Punkte

3 Ergänzen Sie die Wörter in der richtigen Form.

~~Smog~~ | Planung | Abgase | beschließen | erhöhen | Distanz | klagen | Nachfrage

a Viele Großstadtbewohner _____ über <u>Smog</u>. Grund dafür sind die
   _____ der Autos.

b Wer aufs Land zieht, vergrößert meistens die _____ zwischen Wohnort
   und Arbeitsplatz. Viele Familien _____ dann, ein Auto zu kaufen.
   Das _____ die Kosten des Umzugs.

c Die _____ nach bezahlbaren Wohnungen in den Städten steigt weiter.
   Das muss bei der Städte_____ beachtet werden.

_____ / 7 Punkte

Strukturen

4 Vor 60 Jahren ... Schreiben Sie Sätze im Passiv.

Vor 60 Jahren ...

a (Präteritum: die Wäsche – noch – mit der Hand waschen)
   Kaum jemand hatte eine Waschmaschine.

> a wurde die Wäsche noch
> mit der Hand gewaschen.

b (Präteritum: nicht jeden Tag – frisches Brot – kaufen)
   Das Brot hat auch nach Tagen noch gut geschmeckt.

c (Präteritum: die Kinder – nicht mit dem Auto – zur Schule bringen)
   Wir sind zu Fuß gegangen.

d (Perfekt: ältere Menschen – nicht ins Altenheim – bringen)
   Alle haben unter einem Dach gelebt.

Menschen B1.2, Lehrerhandbuch 671903 © 2015 © Hueber Verlag

e (Perfekt: die Kinder – nicht 24 Stunden am Tag – kontrollieren)
  Wir durften allein spielen.   _____ / 4 Punkte

5 **Umwelttipps. Schreiben Sie Sätze mit *ohne ... zu, ohne dass,***
  ***statt ... zu* oder *statt dass*. Es gibt zwei Lösungen.**

  a statt sie im Internet zu bestellen /
  statt dass Sie sie im Internet bestellen.

a Besorgen Sie Bücher oder Kleidung lieber im Laden, ...
  (sie nicht im Internet bestellen)

b Benutzen Sie eine wassersparende Spül-   d Nutzen Sie Carsharing-Angebote, ...
  maschine, ...(nicht mit der Hand abspülen)   (nicht ein eigenes Auto kaufen)

c Waschen Sie sich, ... Duschen ist besser   e So tun Sie Gutes für die Umwelt, ...
  als baden! (kein Wasser verschwenden)   (nicht auf Mobilität verzichten)

                                                                                _____ / 4 Punkte

6 **Wovon Mitarbeiter träumen. Schreiben Sie Sätze mit *um ... zu*.**
  Verwenden Sie *damit*, wenn *um ... zu* nicht möglich ist.

  Ich hätte gern ...   *a um lange Reisen machen zu können.*
  a acht Wochen Urlaub, ... (Ich kann lange Reisen machen.)
  b am Freitag immer frei, ... (Meine Kinder können mit mir spielen.)
  c in meinem Büro ein Sofa, ... (Ich kann einen Mittagsschlaf machen.)
  d eine Kaffeemaschine in meinem Büro, ... (Die Kollegen besuchen mich regelmäßig.)
  e einen Home-Office-Job, ... (Ich kann auch mal zu Hause arbeiten.)

                                                                                _____ / 4 Punkte

7 **Nach der WG-Party. Ergänzen Sie die Sätze.**

a Es sieht so aus, als ob ... (100 Leute haben hier gefeiert.)   *a hier 100 Leute gefeiert hätten.*
  Aber waren es nur 30.
b Marie tut so, als ob ... (Sie muss dringend mit einer Freundin telefonieren.)
  Dabei will sie nur nicht helfen.
c Es sieht so aus, als ob ... (Wir haben noch gar nicht angefangen.)
  In Wirklichkeit räumen wir schon seit einer Stunde auf.
d Maik hört sich an, als ob ... (Er hat noch nie Geschirr gespült.)
  Er soll aufhören zu jammern.
e Es scheint mir, als ob ... (Ich habe schon drei Stunden gearbeitet.)
  In Wirklichkeit ist es erst eine Stunde.

                                                                                _____ / 4 Punkte

Kommunikation

8 **Ordnen Sie zu.**

hätte ich gern erlebt | mich schon immer fasziniert | ~~Ich wäre gern~~ |
war bestimmt | gut vorstellen | muss sehr beeindruckend

<u>Ich wäre gern</u> am 9. November 1989 bei der Öffnung der Grenzen in Berlin dabei gewesen.
Das _____ gewesen sein. Fotos von diesem Ereignis haben

_____. Fremde haben sich umarmt und zusammen gefeiert. Ich kann mir _____, dass für die Menschen an diesem Tag ein Traum Wirklichkeit wurde. Auch die Monate davor mit den Montagsdemonstrationen in Leipzig … Das _____ eine aufregende Zeit. Ja, den Fall der Mauer _____!

_____ / 5 Punkte

9 Ergänzen Sie.

Was tun gegen Stau im Berufsverkehr?
■ Wenn die Leute mit der S-Bahn in die Innenstädte fahren, statt das Auto zu nehmen, kommen wir alle schneller ans Ziel. Niemand braucht mehr im Stau zu stehen.
● D a v o n __al__ __ ich __i__ __ __ v__ __ __. Die Bahnen sind doch jetzt schon überfüllt.
◆ Ich kann __ __ __ da __ __r __u__t__ __ __e__. Jeden Morgen in der S-Bahn zu stehen ist schrecklich! @ ■ __a__ __ __ dir __ __ __ nichts __ __ __?
■ Meine Meinung __ __ie__ __ __ei__ __ __ __l__ e. Wenn immer mehr Leute S-Bahn fahren, werden die Angebote angepasst, die Straßen sind wieder frei, die Luft besser.
● Bahn oder Auto – __ __ __ __ __ __tw__ __ __ __ kann j__ __ __ __ das so machen, wie er __ö__ __ __ __. Mehr Home-Office-Jobs und weniger Pendlerverkehr – das ist doch die Lösung!
◆ __ __ __a__. Bleiben wir einfach alle zu Hause!

_____ / 6 Punkte

10 Ergänzen Sie.

Meiner Überzeugung nach | besteht kein Zweifel daran | ~~Ist es realistisch~~ | löst mehrere Probleme auf einmal | Sache ist ganz einfach

Früher Schulbeginn setzt Kinder unter Druck

Immer mehr Kinder leiden unter Schulstress. Viele sagen, dass hängt mit den steigenden Anforderungen zusammen. Ist es realistisch, dass die Aufgaben daran schuld sind? Wir fragen unseren Experten Dr. Bastian Samuel, Kinderarzt: Für mich als Kinderarzt _____ _____, dass die Kinder vor allem gestresst sind, weil sie so früh aufstehen müssen. Schon 6-Jährige müssen um 8 Uhr oder früher wach sein und lernen.

_____ _____ ist das gegen den natürlichen Rhythmus der Kinder. Es macht sie unglücklich und krank. Die _____ _____: Wir müssen den Schulanfang auf 9.30 Uhr verlegen. Das _____ _____. Die Kinder sind nicht mehr müde im Unterricht und lernen besser. So kommen sie auch mit schwierigen Aufgaben zurecht. Und gleichzeitig verbessert sich ihre Gesundheit.

_____ / 4 Punkte

132

Lesen

11 Was ist richtig? Lesen Sie und kreuzen Sie an.

Kaum ist das erste Kind geboren, zieht es junge Familien hinaus aufs Land. Ein eigenes Haus, einen kleinen Garten haben, davon träumen junge Eltern. Das war immer schon so. Doch gilt das auch noch heute? Wer seinen Arbeitsplatz in der Stadt behält und jeden Tag dorthin fährt, wird zum Pendler. Und Pendeln macht unglücklich, sagen Glücksforscher. Dabei kommt es nicht darauf an, ob man mit dem eigenen Auto fährt oder mit öffentlichen Verkehrsmitteln unterwegs ist. Sind die Kinder etwas älter, so muss man sie zu Sportangeboten oder zum Musikunterricht in die Stadt fahren. Mama und Papa spielen für ihre Kinder den Taxifahrer. Draußen wohnen bedeutet also auch, mehr Zeit im Auto zu verbringen (und höhere Kosten für die eigene Mobilität zu tragen). Immer mehr Familien sind sich dieser Nachteile bewusst und beschließen, in der Stadt zu bleiben. Dort lässt sich auch ein moderner umweltbewusster Lebensstil leichter verwirklichen als auf dem Land, vor allem in Sachen Mobilität:
Ob Bus, U-Bahn oder Straßenbahn – in der Stadt kommt man auch ohne eigenes Auto gut voran. Wer hin und wieder individuelle Ziele ansteuern möchte, kann sich bei einem der vielen Carsharing-Anbieter anmelden. Wenn man ein Auto braucht, hat man eines. Die laufenden Kosten dagegen hat man nicht. Viele Familien finden auch Lastenfahrräder interessant. In Dänemark und den Niederlanden waren sie nie aus der Mode. Damit kann man Großeinkäufe oder kleinere Möbel transportieren, selbstverständlich auch die Kinder und alles, was man für das Picknick am Wochenende im Park benötigt.
Junge Familien, die diese Vor- und Nachteile miteinander vergleichen, bleiben gern in der Stadt. Die Frage ist nur: Wo finden sie eine bezahlbare Wohnung?

a Die meisten Familien mit kleinen Kindern zogen früher von der Stadt aufs Land. ○
b Wenn man selbst mit dem Auto zur Arbeit fährt, ist das Pendeln nicht so schlimm. ○
c Auf dem Land gibt es weniger Freizeitangebote für Kinder als in der Stadt. ○
d Auf dem Land lebt man auf jeden Fall umweltfreundlicher als in der Stadt. ○
e In der Stadt gibt es drei Mobilitätsangebote: den öffentlichen Nahverkehr, gemeinschaftlich genutzte Autos und (Lasten-)Fahrräder. ○

_____ / 5 Punkte

Schreiben

12 Stadt oder Land? Wählen Sie ein Thema (A, B oder C), sammeln Sie Argumente und schreiben Sie Ihre Meinung (circa 80 Wörter).

A Der Text bei „Lesen" sagt, dass es Vorteile für Familien bringt, in der Stadt zu wohnen. Welche Vorteile gibt es auf dem Land?

A Gute Luft, gut für die Gesundheit der Kinder

B Die meisten Singles leben in Städten. Warum sollten sie aufs Land ziehen?

C Wo leben Sie? Haben Sie Familie oder nicht? Leben Sie gern dort, wo Sie leben? Warum (nicht)?

_____ / 6 Punkte
Gesamt: _____ / 61 Punkte

Lektion 13

Aus diesem Grund gab es ein Missverständnis.

Aufgabe 2a

Mann: Also, ich nehme das Schnitzel. Und du? Worauf hast du Appetit?

Frau: Hm … Ich glaube, ich nehme den Rechtsanwalt an Essigsoße.

Mann: Wie bitte? Rechtsanwalt an Essigsoße? Das steht in der Karte?

Frau: Ja, schau hier!

Mann: Tatsächlich! Verzeihen Sie?

Dame: Ja, bitte? Sie bekommen?

Mann: Können Sie uns bitte erklären, was das bedeutet: „Rechtsanwalt an Essigsoße"?

Dame: Ah ja, ist sehr lecker! Und ganz frisch. „Avocat mit Vinaigrette"!

Frau: Ach, Sie meinen wahrscheinlich „Avocado mit Essigsoße"?

Dame: Ja! Genau!

Mann: Verstehe! Dann ist das ein Übersetzungsfehler. „Avocat" heißt auf Deutsch auch Avocado. Nicht Rechtsanwalt. Ein Rechtsanwalt ist ein „Advokat".

Dame: Ach so! Danke für den Hinweis! Das werde ich ändern. Wissen Sie schon, was Sie nehmen?

Frau: Ja. Ich nehme den frischen Rechtsanwalt. Klingt lecker!

Aufgabe 3a

Radiomoderator:

Hallo und herzlich willkommen. Hier ist Roland vom Uni-Radio. Das hat sicher jeder schon mal erlebt: ein Missverständnis, das mit Sprache zu tun hat. Peinlich, wenn es passiert, aber hinterher oft ein Grund zum Lachen. Heute Vormittag habe ich Deutschlerner an einer Sprachenschule befragt und sie gebeten, mir ihre Geschichte zu erzählen.

Aufgabe 3b und c

1

Jennifer: Hi, mein Name ist Jennifer und ich komme aus Portland, Oregon. Folgendes habe ich erlebt: Als ich nach Deutschland gezogen bin, hat mich mein Chef zum Essen eingeladen. Aber ausgerechnet am Nachmittag der Einladung hat mich meine Mutter angerufen und mir erzählt, dass mein Onkel gestorben ist. Ich war sehr, sehr traurig. Darum habe ich bei meinem Chef angerufen und das Essen kurzfristig abgesagt. Mein Chef hat sich gewundert und gefragt: „Aber warum denn?" Deshalb habe ich es ihm erklärt: „Ich habe heute einfach keine Lust zum Feiern, denn ich bin so blau." Mein Chef war ganz entsetzt und hat gesagt: „Können Sie das wiederholen? Ich glaube, ich habe Sie nicht richtig verstanden." Deswegen habe ich noch mal gesagt: „Bitte entschuldigen Sie, aber ich kann nicht kommen, weil ich so blau bin." „Wie bitte!?", hat mein Chef gerufen. „Jetzt schon? Sie trinken mitten am Nachmittag Alkohol?" Da habe ich gemerkt, dass ich einen Fehler gemacht habe. In meiner Sprache bedeutet „blau sein" nämlich „traurig sein" und nicht „betrunken sein". Aus diesem Grund gab es ein Missverständnis. Deshalb habe ich ganz schnell korrigiert: „Entschuldigung. Ich meine nicht, dass ich getrunken habe. Ich bin traurig, weil mein Onkel gestorben ist." Dann hat mich mein Chef verstanden. Das war so peinlich! Aber später haben wir noch oft über dieses Missverständnis gelacht!

2

Julie: Hallo, mein Name ist Julie. Ich komme aus Frankreich, wohne aber seit sieben Jahren in Deutschland, weil mein Mann Deutscher ist. Ich gebe Trommelkurse in Schulen. Damit die Lehrer sich ein Bild von mir machen können, habe ich eine Homepage. Dort veröffentliche ich auch gern Erfahrungsberichte. Deswegen bitte ich die Lehrer, ein paar Sätze über mich zu schreiben, wenn ihnen der Kurs gefallen hat. Einmal, ich war noch nicht lange in Deutschland, schrieb eine Lehrerin: „Julie brachte viel Engagement und große ‚Bega-bung‘ mit." „Bega-bung?" habe ich gedacht und nicht verstanden. Deshalb bin ich zu ihr gegangen und habe gesagt: „Verzeihen Sie. Meinten Sie mit ‚Bega-bung‘ meine Trommel? Die heißt aber nicht Begabung, sondern Bongo." Doch wegen meiner falschen Betonung hat mich die Lehrerin auch nicht verstanden. Aus diesem Grund hat sie den Text noch einmal gelesen. Sie hat gelacht, denn jetzt hat sie verstanden, was ich meine. „Nein", hat sie gesagt und besonders deutlich betont: „Das heißt nicht ‚Bega-bung‘. Das heißt ‚Begabung‘. Begabung bedeutet, dass Sie eine sehr gute Musikerin sind."

3

Leyla: Guten Tag, mein Name ist Leyla. Ich erzähle heute von meinem Missverständnis. Also passt auf: Ich war einmal in München zu Besuch. Ich war ganz allein und wusste nicht, was ich in der Stadt ansehen sollte. Deshalb bin ich in ein Café gegangen und habe ein Mädchen, das neben mir am Tisch saß, gefragt: „Entschuldige. Ich kenne mich hier nicht aus, ich bin ganz alleine in der Stadt. Hast du vielleicht einen ‚Typ‘ für mich?" Das Mädchen hat mich angesehen und angefangen zu kichern. Sie hat auf den Kellner gedeutet und gesagt: „Der vielleicht?" Ich habe gedacht, ich soll den Kellner fragen. Deswegen habe ich den Kellner gerufen und wiederholt: „Ich möchte gern etwas unternehmen. Haben Sie einen ‚Typ‘ für mich?" Augenblicklich ist der Keller ganz rot geworden. Aber ich habe nicht verstanden, warum. Darum habe ich gesagt. „Ein schöner Platz oder ein Museum oder so was." Da haben die beiden mich verstanden. „Ah!", hat der Kellner gelacht. „Du willst einen ‚Tipp‘! Keinen ‚Typ‘." Als ich meinen Fehler verstanden habe, bin ich total rot geworden. Der Kellner hat mir vorgeschlagen, das „Valentin-Museum" am Isartor zu besuchen. Das war ein guter Tipp. Karl Valentin war ein deutscher Komiker. In dem Museum gab es noch mehr Missverständnisse und Sprachspiele.

4

Phuong: Hi, ich bin Phuong. Ich war einmal bei einem Schüleraustausch in Deutschland. An einem Sonntag war sehr schönes Wetter. Daher wollte meine Gastfamilie einen Ausflug machen. Der Vater meines Austauschpartners hat gefragt: „Wollen wir in den Zoo?" Und ich habe gerufen: „Au ja! Das ist eine gute Idee." Denn ich gehe sehr gern in den Zoo. Nur meine Gastmutter wollte nicht, wegen der langen Schlange vor dem Zoo. Als ich das gehört habe, bin ich sehr erschrocken. Als Kind bin ich nämlich einmal von einer Schlange gebissen worden. Deshalb habe ich große Angst vor Reptilien. Plötzlich wollte ich auch nicht mehr in den Zoo und habe gesagt: „Ich finde das doch nicht so gut." Mein Gastvater hat gefragt: „Bedeutet das, dass du lieber zu Hause bleiben willst?" Er hat sich sehr gewundert.

Darum habe ich die Geschichte von dem Schlangenbiss erzählt. Da haben alle gelacht und das Missverständnis aufgeklärt. Seither weiß ich, dass mit „Schlange" die wartenden Leute vor der Kasse gemeint sind.

Lektion 14

Die Teilnahme ist auf eigene Gefahr.

Aufgabe 1b

Coach: So, ich habe noch eine Übung für euch, bevor wir dann zur Kletterwand rübergehen. Ihr wisst, das Wichtigste beim Klettern ist, dass ihr euch aufeinander verlassen könnt. Darum machen wir als Erstes eine Vertrauensübung. Und dazu gehen wir bitte jetzt alle zum Podest dort drüben. Was passiert hier? Einer oder eine von euch lässt sich rückwärts in die Arme von allen anderen fallen. Gibt es jemanden, der sich vorstellen kann, das auszuprobieren? Dann kann ich die Übung besser erklären.

Jutta: Ja, ich würde es gern versuchen!

Coach: Okay, Jutta, dann stell dich doch bitte oben auf das Podest. Die anderen kommen bitte alle zu mir. Ihr bildet zwei Reihen und stellt euch dabei Schulter an Schulter. Ja, so ist es gut! Jetzt haltet ihr euch ganz fest an den Händen. Schaut, so: immer über Kreuz, ja, so ist es gut. Auf diese Weise könnt ihr Jutta auf jeden Fall auffangen. Jutta, du schaust dir jetzt das Ganze in Ruhe an und sagst uns, ob du dich fallen lassen möchtest.

Jutta: Ja, das kann ich jetzt schon sagen!

Coach: Okay, dann frag bitte zunächst die Gruppe, ob sie bereit ist, und dann gib uns das Zeichen, dass du fällst,

und sag dann bitte deutlich: „Ich falle jetzt!" Gutes Gelingen!

Jutta: Okay! Seid ihr bereit?

Gruppe: Ja!

Jutta: Ich falle jetzt!

Gruppe: Puuhh!

Jutta: Super! Ich danke euch!

Lektion 15

Schön, dass Sie da sind.

Aufgabe 1b

Frau 1: Komm, Jens, jetzt mach du mal weiter! Ich möchte jetzt auch was essen.

Jens: Oh, ich weiß nicht, was ich fragen soll, ich hab doch so was noch nie gemacht!

Frau 2: Ich weiß noch was: Also, Herr Bode, dann nennen Sie mir doch zum Schluss bitte drei Gründe, warum Sie für diese Stelle besonders geeignet sind!

Julian: Ja, zunächst einmal passe ich sehr gut in Ihr Unternehmen, da ich …

Frau 2: Kann jemand bitte mal den Kaffee vom Herd nehmen? Der brennt gleich an. Also, Herr Bode, bitte noch mal von vorne.

Julian: Ja, wie ich schon sagen wollte: Ich passe sehr gut in Ihr Unternehmen, da ich durch meinen einjährigen Aufenthalt in …

Frau 1: Hallo, Pepe! Ja, gut, dass du anrufst. Moment, ich geh mal raus.

Julian: Wo war ich stehengeblieben? Gut, also: Ich denke, ich bin sehr gut geeignet, als Fremdsprachenkorrespondent …

Jens: Ach, Herr Bode, wären Sie bitte so freundlich und reichen mir den Toast herüber!

Julian: Wisst ihr was? Ich glaube nicht, dass ich diese Frage heute noch einmal am

Stück beantworten darf. Ich muss jetzt los. Schwieriger als hier mit euch kann das Bewerbungsgespräch auch nicht werden!

Aufgabe 7a

Herr Dr. Stürmer:

Guten Tag, Herr Bode, schön, dass Sie da sind.

Julian Bode:

Guten Tag, Herr Dr. Stürmer, danke für die Einladung zum Gespräch. Ich freue mich, hier zu sein.

Herr Dr. Stürmer:

Setzen Sie sich doch! Möchten Sie etwas trinken?

Julian Bode:

Oh, ja, sehr gern ein Wasser, wenn es möglich ist.

Herr Dr. Stürmer:

Kein Problem, hier, bitte schön!

Julian Bode:

Vielen Dank.

Herr Dr. Stürmer:

So, Herr Bode, Ihre Bewerbungsunterlagen haben uns richtig gut gefallen. Und wir haben Sie eingeladen, um Sie noch ein bisschen besser kennenzulernen. Erzählen Sie doch bitte etwas über sich. Woher kommt denn Ihr Interesse an Fremdsprachen?

Julian Bode:

Also, ich bin ja zweisprachig aufgewachsen. Meine Mutter ist Spanierin und hat von Anfang an Spanisch mit mir gesprochen. Während meiner Kindergartenzeit haben wir sogar zwei Jahre in Barcelona gelebt. Später dann, als wir wieder in Deutschland waren, ist meine Familie oft ins Ausland gereist. So habe ich mich schon sehr früh für andere Länder und Kulturen interessiert. Mir war damals schon klar, dass ich später unbedingt mit Menschen auf der ganzen Welt zu tun haben wollte …

Herr Dr. Stürmer:

Das hat ja auch gleich geklappt. Die Firma, für die Sie nach der Ausbildung gearbeitet haben, hat Sie ja direkt nach Kanada geschickt. Was haben Sie dort gemacht?

Julian Bode:

Unsere Firma hat Computerspiele entwickelt. Ich war bei den Verhandlungen mit dem kanadischen Kunden als Dolmetscher dabei und habe dann für dieses Projekt alle Übersetzungsaufträge koordiniert und betreut.

Herr Dr. Stürmer:

Das hört sich doch nach einem Traumjob an. Warum bleiben Sie denn nicht bei dieser Firma?

Julian Bode:

Ja, das Kanada-Projekt ist leider zu Ende. Das möchte ich jetzt zum Anlass nehmen, etwas Neues zu machen und mich weiterzuentwickeln.

Herr Dr. Stürmer:

Und warum haben Sie sich gerade unser Unternehmen für eine Neuorientierung ausgesucht, Herr Bode?

Julian Bode:

Ich habe mir Ihr Unternehmen im Internet angeschaut und gesehen, dass Sie in die ganze Welt exportieren und auch Kontakte in die ganze Welt haben. Mich reizt eine Aufgabe in so einem großen Unternehmen, weil ich dort viele Möglichkeiten habe und meine Sprachkenntnisse voll einsetzen kann.

Herr Dr. Stürmer:

Verstehe! Was können Sie mir noch über sich erzählen? Können Sie mir zum Beispiel noch drei persönliche Stärken nennen?

Julian Bode:

Ja, gern. Also, ich erledige meine Aufgaben sehr zuverlässig, auch unter Zeitdruck kann man sich auf mich verlassen. Ich kann Zusammenhänge sehr schnell verstehen. Außerdem kann ich sehr gut mit Menschen aus anderen Kulturen kommunizieren und arbeiten. Und das alles gilt natürlich auch für die Arbeit im Team.

Herr Dr. Stürmer:

Was würden Sie denn als Ihre Schwächen bezeichnen?

Julian Bode:

Manchmal bin ich recht ungeduldig und möchte alles gleichzeitig erledigen.

Herr Dr. Stürmer:

Ja, das kenne ich auch zu gut. Bitte nennen Sie mir doch abschließend die Gründe, warum wir genau Sie einstellen sollten.

Julian Bode:

Hm … Also, ich erfülle alle Voraussetzungen für die Stelle und habe außerdem noch Berufserfahrung im Ausland. Ich arbeite selbstständig und finde auch in Problemsituationen flexible Lösungen. Dabei fällt es mir leicht, auf andere Menschen zuzugehen.

Herr Dr. Stürmer:

Danke, Herr Bode! Haben Sie denn noch eine Frage an mich?

Julian Bode:

Ja, und zwar interessiert mich noch, wie groß das Team ist, in dem ich arbeiten würde.

Herr Dr. Stürmer:

Zurzeit arbeiten fünf Mitarbeiter in diesem Team, zwei Frauen und drei Männer. Jeder von ihnen hat einen anderen Schwerpunkt. Und Sie, Herr Bode, würden zunächst die Projekte für Nordamerika betreuen.

Julian Bode:

Oh, das klingt gut!

Herr Dr. Stürmer:

Dann noch eine letzte Frage von mir: Welches Einstiegsgehalt stellen Sie sich denn für diese Stelle vor?

Julian Bode:

Hm, ich denke da an ein Monatsgehalt von ungefähr 2000 Euro.

Herr Dr. Stürmer:

Gut, Herr Bode, ich denke, ich konnte heute einen recht guten Eindruck von Ihnen bekommen. Wir melden uns dann in ein paar Tagen bei Ihnen. Vielen Dank, dass Sie hier waren.

Julian Bode:

Ja, herzlichen Dank auch an Sie, Herr Dr. Stürmer. Auf Wiedersehen!

Herr Dr. Stürmer:

Auf Wiedersehen, Herr Bode, einen schönen Tag noch!

Aufgabe 7b

1

Herr Dr. Stürmer:

Guten Tag, Herr Bode, schön, dass Sie da sind.

Julian Bode:

Guten Tag, Herr Dr. Stürmer, danke für die Einladung zum Gespräch. Ich freue mich, hier zu sein.

Herr Dr. Stürmer:

Setzen Sie sich doch! Möchten Sie etwas trinken?

Julian Bode:

Oh, ja, sehr gern ein Wasser, wenn es möglich ist.

Herr Dr. Stürmer:

Kein Problem, hier, bitte schön!

Julian Bode:

Vielen Dank.

Herr Dr. Stürmer:

So, Herr Bode, Ihre Bewerbungsunterlagen haben uns richtig gut gefallen. Und wir haben Sie eingeladen, um Sie noch ein bisschen besser kennenzulernen. Erzählen Sie doch bitte etwas über sich. Woher kommt denn Ihr Interesse an Fremdsprachen?

Julian Bode:

Also, ich bin ja zweisprachig aufgewachsen. Meine Mutter ist Spanierin und hat von Anfang an Spanisch mit mir gesprochen. Während meiner

Kindergartenzeit haben wir sogar zwei Jahre in Barcelona gelebt. Später dann, als wir wieder in Deutschland waren, ist meine Familie oft ins Ausland gereist. So habe ich mich schon sehr früh für andere Länder und Kulturen interessiert. Mir war damals schon klar, dass ich später unbedingt mit Menschen auf der ganzen Welt zu tun haben wollte …

Herr Dr. Stürmer:
Das hat ja auch gleich geklappt. Die Firma, für die Sie nach der Ausbildung gearbeitet haben, hat Sie ja direkt nach Kanada geschickt. Was haben Sie dort gemacht?

2

Herr Dr. Stürmer:
Das hat ja auch gleich geklappt. Die Firma, für die Sie nach der Ausbildung gearbeitet haben, hat Sie ja direkt nach Kanada geschickt. Was haben Sie dort gemacht?

Julian Bode:
Unsere Firma hat Computerspiele entwickelt. Ich war bei den Verhandlungen mit dem kanadischen Kunden als Dolmetscher dabei und habe dann für dieses Projekt alle Übersetzungsaufträge koordiniert und betreut.

Herr Dr. Stürmer:
Das hört sich doch nach einem Traumjob an. Warum bleiben Sie denn nicht bei dieser Firma?

Julian Bode:
Ja, das Kanada-Projekt ist leider zu Ende. Das möchte ich jetzt zum Anlass nehmen, etwas Neues zu machen und mich weiterzuentwickeln.

Herr Dr. Stürmer:
Und warum haben Sie sich gerade unser Unternehmen für eine Neuorientierung ausgesucht, Herr Bode?

Julian Bode:
Ich habe mir Ihr Unternehmen im Internet angeschaut und gesehen,

dass Sie in die ganze Welt exportieren und auch Kontakte in die ganze Welt haben. Mich reizt eine Aufgabe in so einem großen Unternehmen, weil ich dort viele Möglichkeiten habe und meine Sprachkenntnisse voll einsetzen kann.

Herr Dr. Stürmer:
Verstehe!

3

Herr Dr. Stürmer:
Verstehe! Was können Sie mir noch über sich erzählen? Können Sie mir zum Beispiel noch drei persönliche Stärken nennen?

Julian Bode:
Ja, gern. Also, ich erledige meine Aufgaben sehr zuverlässig, auch unter Zeitdruck kann man sich auf mich verlassen. Ich kann Zusammenhänge sehr schnell verstehen. Außerdem kann ich sehr gut mit Menschen aus anderen Kulturen kommunizieren und arbeiten. Und das alles gilt natürlich auch für die Arbeit im Team.

Herr Dr. Stürmer:
Was würden Sie denn als Ihre Schwächen bezeichnen?

Julian Bode:
Manchmal bin ich recht ungeduldig und möchte alles gleichzeitig erledigen.

Herr Dr. Stürmer:
Ja, das kenne ich auch zu gut.

4

Herr Dr. Stürmer:
Ja, das kenne ich auch zu gut. Bitte nennen Sie mir doch abschließend die Gründe, warum wir genau Sie einstellen sollten.

Julian Bode:
Hm … Also, ich erfülle alle Voraussetzungen für die Stelle und habe außerdem noch Berufserfahrung im Ausland. Ich arbeite selbstständig und finde auch in Problemsituationen flexible

Lösungen. Dabei fällt es mir leicht, auf andere Menschen zuzugehen.

Herr Dr. Stürmer:
Danke, Herr Bode! Haben Sie denn noch eine Frage an mich?

Julian Bode:
Ja, und zwar interessiert mich noch, wie groß das Team ist, in dem ich arbeiten würde.

Herr Dr. Stürmer:
Zurzeit arbeiten fünf Mitarbeiter in diesem Team, zwei Frauen und drei Männer. Jeder von ihnen hat einen anderen Schwerpunkt. Und Sie, Herr Bode, würden zunächst die Projekte für Nordamerika betreuen.

Julian Bode:
Oh, das klingt gut!

Herr Dr. Stürmer:
Dann noch eine letzte Frage von mir: Welches Einstiegsgehalt stellen Sie sich denn für diese Stelle vor?

Julian Bode:
Hm, ich denke da an ein Monatsgehalt von ungefähr 2000 Euro.

Herr Dr. Stürmer:
Gut, Herr Bode, ich denke, ich konnte heute einen recht guten Eindruck von Ihnen bekommen. Wir melden uns dann in ein paar Tagen bei Ihnen. Vielen Dank, dass Sie hier waren.

Julian Bode:
Ja, herzlichen Dank auch an Sie, Herr Dr. Stürmer. Auf Wiedersehen!

Herr Dr. Stürmer:
Auf Wiedersehen, Herr Bode, einen schönen Tag noch!

Modul-Plus 5

Ausklang: Kurs 303

(vgl. Kursbuch)

Wir brauchten uns um nichts zu kümmern.

Aufgabe 1b

Fahrgast 1:
Entschuldigung, ich habe am Fenster reserviert.

Fahrgast 2:
Könnten Sie mich bitte kurz rauslassen?

Fahrgast 3:
Gern.

Fahrgast 4:
Dürfte ich Sie bitten, mir mit der Tasche zu helfen?

Junger Mann:
Entschuldigen Sie, ist der Platz hier am Fenster noch frei?

Ältere Dame:
Ja, bitte, setzen Sie sich doch.

Junger Mann:
Danke schön … Puh, gerade noch geschafft!

Ältere Dame:
Ach, könnten Sie so nett sein und mir noch meine Tasche herunterreichen?

Junger Mann:
Natürlich, gern! Diese braune hier?

Ältere Dame:
Ja, genau! Huch!

Junger Mann:
Hoppla, da fällt gleich alles raus! Entschuldigung! So, hier, Ihre Tasche und das Buch. Und hier ist noch was, das gehört auch noch dazu.

Ältere Dame:
Vielen Dank!

Junger Mann:
Ich will ja nicht neugierig sein, aber ist das ein Foto von Ihrer Hochzeit?

Ältere Dame:
Ja, genau, das sind mein Hans und ich! Das ist schon sehr lange her, sag' ich Ihnen!

Aufgabe 4a

Junger Mann:
Das Foto eben von Ihrer Hochzeit: Wann war denn das, wenn ich fragen darf?

Ältere Dame:
Das war 1959! Eine verrückte Zeit. Wir hatten damals das Gefühl, dass es endlich wieder aufwärts geht …

Junger Mann:
Wie meinen Sie das denn?

Ältere Dame:
Schauen Sie, unsere Eltern, vor allem unsere Mütter, hatten ja jahrelang hart gearbeitet, um nach dem Krieg wieder einen normalen Familienalltag möglich zu machen. Wir hatten kaum etwas zu essen, kaum etwas anzuziehen. Viele hatten ihre Väter, Männer oder Söhne und ihren ganzen Besitz verloren.

Junger Mann:
Das können wir uns heute wirklich gar nicht mehr vorstellen! Wir brauchen ja nur mal keinen Empfang mit dem Handy zu haben, da jammern wir schon.

Ältere Dame:
Ja, manchmal kann ich es selbst nicht glauben, wie wir damals gelebt haben. Aber irgendwann ging es mit der Wirtschaft wieder aufwärts und wir gingen guten Zeiten entgegen. Aber ach, was rede ich! Das interessiert Sie sicher nicht!

Junger Mann:
Doch, sehr sogar. Erzählen Sie ruhig weiter!

Ältere Dame:
Wie alt sind Sie denn?

Junger Mann:
Ich bin jetzt 21 Jahre alt.

Ältere Dame:
Ja, sehen Sie, mit 21 habe ich gerade meinen Hans kennengelernt. Schauen Sie: Das ist er in Ihrem Alter. Wir gingen, so oft wir konnten, in die Galerie zum Tanztee.

Junger Mann:
Wie kann ich mir das vorstellen? Gab es dort tatsächlich Tee für alle?

Ältere Dame:
Nein, es hieß Tanztee, weil es nachmittags war, meistens am Wochenende. Es war die einzige Veranstaltung für die Jugend damals und da gingen wir alle hin. Der Tanzlehrer legte Musik auf und wir tanzten dazu. Und dann kam der Rock 'n' Roll aus den USA nach Deutschland und mit ihm ein neues Lebensgefühl. Ach, das war eine herrliche Zeit! Und, wo gehen Sie so hin?

Junger Mann:
Ich gehe fast jeden Freitag und Samstag in einen Club. Vor 23 Uhr braucht man da allerdings gar nicht erst aufzutauchen. So gegen Mitternacht wird es dann langsam voll.

Ältere Dame:
Tatsächlich erst um Mitternacht? Das werde ich nie verstehen. Und welche Musik wird da gespielt?

Junger Mann:
Ach, da werden alle möglichen Musikrichtungen gespielt. Als ich noch bei meinen Eltern gewohnt habe, kam es mir vor allem darauf an, möglichst lang wegzubleiben. Und am nächsten Tag bin ich dann erst um drei Uhr nachmittags aus meinem Zimmer gekommen. Da waren meine Eltern ganz schön sauer.

Ältere Dame:
Ja, das erzählt meine Tochter von ihren Kindern auch. Bei uns kam das damals gar nicht infrage. Meine Mutter war nicht so streng und ich durfte auch ausgehen, aber sie legte größten Wert darauf, dass ich vor Mitternacht zu Hause war. Sonst war der Tanztee am nächsten Wochenende mit Sicherheit gestrichen.

Junger Mann:

Puh, das klingt hart!

Ältere Dame:

Außerdem hatte jedes Familienmitglied täglich seine Aufgaben zu erledigen, auch am Wochenende. Ich war zuständig für die Kleidung: bügeln und waschen. Mein Bruder musste kleine Reparaturen im Haus erledigen.

Junger Mann:

Also, im Haushalt brauchte ich in den Jahren vor dem Abitur nicht zu helfen. Meine Eltern wollten, dass ich so viel wie möglich für die Schule lerne. Ich musste mein Zimmer in Ordnung halten. Aber selbst das hab ich nicht geschafft. Bei mir sah es wirklich immer schrecklich aus. Bis ich meine erste Freundin hatte.

Ältere Dame:

Wann war das, wenn ich so neugierig sein darf?

Junger Mann:

Na klar, das war mit knapp 17.

Ältere Dame:

Das war bei uns natürlich nicht vorstellbar, dass ein Mann und eine Frau sich gegenseitig besuchten, bevor sie verheiratet waren. Deshalb haben wir ja alle so früh geheiratet.

Junger Mann:

Meine Eltern haben erst mit 35 geheiratet und ein Jahr später kam ich auf die Welt.

Ältere Dame:

Haben Sie auch Geschwister?

Junger Mann:

Ja, eine jüngere Schwester, die wird nächsten Monat 18. Sie kann es kaum erwarten.

Ältere Dame:

Was kann sie kaum erwarten?

Junger Mann:

Na, dass sie volljährig wird, dass unsere Eltern ihr nichts mehr zu sagen haben, zum Beispiel, wann sie nach Hause kommen soll und so weiter.

Ältere Dame:

Ja, aber wissen Sie: Genau das kann ich ehrlich gesagt schwer verstehen. Ich nehme einmal an, Ihre Familie ist finanziell gut versorgt und hat alles, was heute so dazugehört: Auto, Fernseher, Computer usw.

Junger Mann:

Ja, das stimmt!

Ältere Dame:

Und Sie hatten vermutlich auch eine schöne Kindheit ohne große Probleme, oder?

Junger Mann:

Auf jeden Fall!

Ältere Dame:

Und deshalb verstehe ich einfach nicht, warum viele junge Leute so unzufrieden sind und immer noch mehr Freiheiten wollen.

Junger Mann:

Ja, da haben Sie schon recht. Und ich kann das jetzt auch anders sehen als noch vor fünf Jahren. Tatsächlich ist meine Generation fast sorglos aufgewachsen, wir brauchten uns um nichts zu kümmern. Und trotzdem müssen wir uns von unseren Eltern abgrenzen. Das ist heute nicht viel anders als früher.

Ältere Dame:

Ja, das stimmt. Jede Generation hat einfach ihre eigenen Strategien. Puh, da haben wir uns jetzt richtig die Köpfe heiß geredet.

Junger Mann:

Allerdings! Das war wirklich ein interessantes Gespräch.

Ältere Dame:

Ja, das fand ich auch.

Junger Mann:

Jetzt muss ich leider gleich aussteigen.

Ältere Dame:

Na, dann alles Gute für Sie!

Junger Mann:

Danke, ebenfalls! Gute Reise noch! Tschüs!

Ältere Dame:

Auf Wiedersehen!

Aufgabe 4b

Junger Mann:

Das Foto eben von Ihrer Hochzeit: Wann war denn das, wenn ich fragen darf?

Ältere Dame:

Das war 1959! Eine verrückte Zeit. Wir hatten damals das Gefühl, dass es endlich wieder aufwärts geht …

Junger Mann:

Wie meinen Sie das denn?

Ältere Dame:

Schauen Sie, unsere Eltern, vor allem unsere Mütter, hatten ja jahrelang hart gearbeitet, um nach dem Krieg wieder einen normalen Familienalltag möglich zu machen. Wir hatten kaum etwas zu essen, kaum etwas anzuziehen. Viele hatten ihre Väter, Männer oder Söhne und ihren ganzen Besitz verloren.

Junger Mann:

Das können wir uns heute wirklich gar nicht mehr vorstellen! Wir brauchen ja nur mal keinen Empfang mit dem Handy zu haben, da jammern wir schon.

Ältere Dame:

Ja, manchmal kann ich es selbst nicht glauben, wie wir damals gelebt haben. Aber irgendwann ging es mit der Wirtschaft wieder aufwärts und wir gingen guten Zeiten entgegen. Aber ach, was rede ich! Das interessiert Sie sicher nicht!

Junger Mann:

Doch, sehr sogar. Erzählen Sie ruhig weiter!

Aufgabe 4c

Ältere Dame:

Aber ach, was rede ich! Das interessiert Sie sicher nicht!

Junger Mann:

Doch, sehr sogar. Erzählen Sie ruhig weiter!

Ältere Dame:

Wie alt sind Sie denn?

Junger Mann:

Ich bin jetzt 21 Jahre alt.

Ältere Dame:

Ja, sehen Sie, mit 21 habe ich gerade meinen Hans kennengelernt. Schauen Sie: Das ist er in Ihrem Alter. Wir gingen, so oft wir konnten, in die Galerie zum Tanztee.

Junger Mann:

Wie kann ich mir das vorstellen? Gab es dort tatsächlich Tee für alle?

Ältere Dame:

Nein, es hieß Tanztee, weil es nachmittags war, meistens am Wochenende. Es war die einzige Veranstaltung für die Jugend damals und da gingen wir alle hin. Der Tanzlehrer legte Musik auf und wir tanzten dazu. Und dann kam der Rock 'n' Roll aus den USA nach Deutschland und mit ihm ein neues Lebensgefühl. Ach, das war eine herrliche Zeit! Und, wo gehen Sie so hin?

Junger Mann:

Ich gehe fast jeden Freitag und Samstag in einen Club. Vor 23 Uhr braucht man da allerdings gar nicht erst aufzutauchen. So gegen Mitternacht wird es dann langsam voll.

Ältere Dame:

Tatsächlich erst um Mitternacht? Das werde ich nie verstehen. Und welche Musik wird da gespielt?

Junger Mann:

Ach, da werden alle möglichen Musikrichtungen gespielt. Als ich noch bei meinen Eltern gewohnt habe, kam es mir vor allem darauf an, möglichst lang wegzubleiben. Und am nächsten Tag bin ich dann erst um drei Uhr nachmittags aus meinem Zimmer gekommen. Da waren meine Eltern ganz schön sauer.

Ältere Dame:

Ja, das erzählt meine Tochter von ihren Kindern auch. Bei uns kam das damals gar nicht infrage. Meine Mutter war nicht so streng und ich durfte auch ausgehen, aber sie legte größten Wert darauf, dass ich vor Mitternacht zu Hause war. Sonst war der Tanztee am nächsten Wochenende mit Sicherheit gestrichen.

Junger Mann:

Puh, das klingt hart!

Ältere Dame:

Außerdem hatte jedes Familienmitglied täglich seine Aufgaben zu erledigen, auch am Wochenende. Ich war zuständig für die Kleidung: bügeln und waschen. Mein Bruder musste kleine Reparaturen im Haus erledigen.

Junger Mann:

Also, im Haushalt brauchte ich in den Jahren vor dem Abitur nicht zu helfen. Meine Eltern wollten, dass ich so viel wie möglich für die Schule lerne. Ich musste mein Zimmer in Ordnung halten. Aber selbst das hab ich nicht geschafft. Bei mir sah es wirklich immer schrecklich aus. Bis ich meine erste Freundin hatte.

Ältere Dame:

Wann war das, wenn ich so neugierig sein darf?

Junger Mann:

Na klar, das war mit knapp 17.

Ältere Dame:

Das war bei uns natürlich nicht vorstellbar, dass ein Mann und eine Frau sich gegenseitig besuchten, bevor sie verheiratet waren. Deshalb haben wir ja alle so früh geheiratet.

Junger Mann:

Meine Eltern haben erst mit 35 geheiratet und ein Jahr später kam ich auf die Welt.

Ältere Dame:

Haben Sie auch Geschwister?

Aufgabe 4d

Ältere Dame:

Haben Sie auch Geschwister?

Junger Mann:

Ja, eine jüngere Schwester, die wird nächsten Monat 18. Sie kann es kaum erwarten.

Ältere Dame:

Was kann sie kaum erwarten?

Junger Mann:

Na, dass sie volljährig wird, dass unsere Eltern ihr nichts mehr zu sagen haben, zum Beispiel, wann sie nach Hause kommen soll und so weiter.

Ältere Dame:

Ja, aber wissen Sie: Genau das kann ich ehrlich gesagt schwer verstehen. Ich nehme einmal an, Ihre Familie ist finanziell gut versorgt und hat alles, was heute so dazugehört: Auto, Fernseher, Computer usw.

Junger Mann:

Ja, das stimmt!

Ältere Dame:

Und Sie hatten vermutlich auch eine schöne Kindheit ohne große Probleme, oder?

Junger Mann:

Auf jeden Fall!

Ältere Dame:

Und deshalb verstehe ich einfach nicht, warum viele junge Leute so unzufrieden sind und immer noch mehr Freiheiten wollen.

Junger Mann:

Ja, da haben Sie schon recht. Und ich kann das jetzt auch anders sehen als noch vor fünf Jahren. Tatsächlich ist meine Generation fast sorglos aufgewachsen, wir brauchten uns um nichts zu kümmern. Und trotzdem müssen wir uns von unseren Eltern abgrenzen. Das ist heute nicht viel anders als früher.

Ältere Dame:

Ja, das stimmt. Jede Generation hat einfach ihre eigenen Strategien. Puh, da haben wir uns jetzt richtig die Köpfe heiß geredet.

Junger Mann:

Allerdings! Das war wirklich ein interessantes Gespräch.

Ältere Dame:

Ja, das fand ich auch.

Junger Mann:

Jetzt muss ich leider gleich aussteigen.

Ältere Dame:

Na, dann alles Gute für Sie!

Junger Mann:

Danke, ebenfalls! Gute Reise noch! Tschüs!

Ältere Dame:

Auf Wiedersehen!

Aufgabe 8a

Sprecherin:

Schließen Sie die Augen und hören Sie. Erinnern Sie sich an Ihre Jugend. Sie machen eine große Reise. Der Zug fährt ein und Sie steigen ein. Wohin möchten Sie reisen? Wie ist die Reise? Wie fühlen Sie sich? Wo kommen Sie an? Wie sieht es dort aus? Gefällt es Ihnen dort? Wem begegnen Sie? Was machen Sie? Wie geht es Ihnen? Bleiben Sie oder möchten Sie weiterreisen? Behalten Sie Ihre Eindrücke und reisen Sie weiter. Öffnen Sie langsam die Augen. Fangen Sie dann an, zu schreiben.

Lektion 17

Guck mal! Das ist schön!

Aufgabe 1b

Frau: Guck mal, das Bild ist doch schön!

Mann: Münter, oder?

Frau: Genau. Gabriele Münter hat es 1910 gemalt. Es heißt „Landschaft mit weißer Mauer".

Mann: Und wo ist das?

Frau: Es zeigt die bayerischen Voralpen in Murnau. Die Gegend war ja häufig ein Motiv für sie, weil sie dort gewohnt hat. Wie findest du es?

Mann: Hm. Gefällt mir gut. Auch wenn die Farben nicht so leuchten wie auf den anderen Bildern. Wahrscheinlich, weil es eher bewölkt war. Oder es ist schon Abend.

Frau: Vielleicht hat es auch kurz vorher geregnet? Ich finde jedenfalls, es strahlt eine große Ruhe aus. Wusstest du, dass Gabriele Münter mit Wassily Kandinsky verheiratet war?

Mann: Nein! Echt?

Lektion 18

Davon halte ich nicht viel.

Aufgabe 2

Abgeordneter:

Frau Präsidentin, meine sehr verehrten Kolleginnen und Kollegen! Am 3. Oktober 1990 wurde der Beitritt der Deutschen Demokratischen Republik zur Bundesrepublik Deutschland wirksam. Nach der Wiedervereinigung versprach Bundeskanzler Helmut Kohl den Menschen „blühende Landschaften". Kanzler Gerhard Schröder wollte den Osten zur „Chefsache" machen. Heute, am Jahrestag der deutschen Einheit, wollen wir einmal überprüfen, was aus all den Versprechungen geworden ist. Ob wirklich „zusammengewachsen ist, was zusammengehört".

Aufgabe 4b

Moderatorin:

Herzlich willkommen zum politischen Feuilleton. Bis zur nächsten Wahl ist zwar noch etwas Zeit, aber wir stellen uns heute die Frage: Wer geht überhaupt noch zur Wahl? Vor allem junge Leute scheinen sich immer weniger für Politik zu interessieren, sodass viele Menschen von der großen „Politikverdrossenheit der Jugend" sprechen. Aber stimmt das wirklich? Wir sind der Sache einmal nachgegangen. Eine Reportage von Felix Wenzel.

Aufgabe 4c und d

Reporter: Regelmäßig interviewen Forscher Jugendliche zwischen 12 und 25 Jahren, um sowohl etwas über ihre Werte als auch über ihr Sozialverhalten herauszufinden. Dabei stellten sie ein immer weiter sinkendes Interesse an Politik fest. Während es zum Beispiel in den 80er-Jahren noch „in" war, „politisch" zu sein, wurde die Wahlbeteiligung ab den 90ern immer geringer, bis sich schließlich nur noch eine Minderheit der jungen Leute als „politisch interessiert" bezeichnete. Dafür gab es verschiedene Gründe. Entweder waren es nicht eingehaltene Wahlversprechen oder die Skandale einiger Minister. Weder waren den jungen Leuten die Volksvertreter volksnah genug, noch konnten sie die Parteien gut genug voneinander unterscheiden. Die Forscher stellten

also eher eine Parteien- als eine Politikverdrossenheit fest. Vor allem die beiden großen Parteien CDU und SPD verloren an Stimmen, während die kleineren Parteien Stimmen gewinnen konnten.

Seit einigen Jahren aber stellen die Forscher eine Trendwende fest. Nicht nur Unterschriftenlisten werden wieder häufiger unterschrieben und Waren boykottiert, sondern auch die Teilnehmerzahlen von Protesten, Demonstrationen und Bürgerinitiativen steigen. Jugendliche sind wieder häufiger politisch aktiv. Vor allem engagieren sie sich für „ihre" Themen, wie zum Beispiel Frieden, Bildung, Umwelt- oder Tierschutz. Der Tiefpunkt der Politikverdrossenheit scheint überwunden, sodass die Forscher von einer „Repolitisierung der Jugend" sprechen.

Zwar hält die eindeutige Mehrheit der Jugendlichen die Demokratie in Deutschland immer noch für die beste Staatsform, aber die etablierten Parteien profitieren kaum davon. Zeit für die Parteien, das verlorene Vertrauen junger Menschen zurückzugewinnen!

Modul-Plus 6

Ausklang: Früher und heute

(vgl. Kursbuch)

Lektion 19

Je älter ich wurde, desto ...

Aufgabe 2

Vorgänger-Heidekönigin:

Ja, vielen Dank an unsere Stadtkapelle, eure Musik macht immer richtig gute Laune. Wobei mir das Herz trotzdem ein wenig schwer ist, denn ich werde jetzt diese Krone an meine Nachfolgerin übergeben. Hier kommt die neue Heidekönigin von Schneverdingen: Inga Malin Peters!

Aufgabe 5a

Inga Malin Peters:

Ja, guten Tag, meine Damen und Herren, ich freue mich, dass Sie so zahlreich zu unserer Pressekonferenz hier ins Rathaus gekommen sind. Ich freue mich, als Heidekönigin unser schönes Schneverdingen und die Lüneburger Heide vertreten zu dürfen.
Kurz zu meiner Person: Ich bin Bewohnerin der Heide in sechster Generation und habe schon als Kind mit Begeisterung die Krönung der neuen Heidekönigin verfolgt. Je älter ich wurde, desto mehr habe ich mir gewünscht, selbst einmal Heidekönigin zu werden. Also geht heute für mich ein Kindheitstraum in Erfüllung. Die einmalige Landschaft der Lüneburger Heide möchte ich Ihnen heute gern vorstellen.
Zunächst möchte ich Ihnen etwas über die Entstehung der Lüneburger Heide erzählen. Dann möchte ich Ihnen erläutern, warum Mensch und Vieh lebenswichtig sind für die Heide. Anschließend stelle ich Ihnen die vielen Möglichkeiten vor, eine wunderschöne Zeit in unserer Heide zu verbringen. Am Ende können Sie mir gern Fragen stellen.
Zuerst komme ich zur Entstehung der Lüneburger Heide: Die Heide sah nicht immer so aus wie heute. Ganz früher waren hier überall Waldflächen, Moore und Bäche. In der Steinzeit kamen die ersten Bauern in diese Gegend. Sie fällten die Bäume und

betrieben Ackerbau. Der Wald verschwand und das Heidekraut begann zu wachsen.
Bis Anfang des 18. Jahrhunderts lebten die Bauern von ihren Schafen und Bienen und deren Wolle, Bienenwachs und Honig. Doch je internationaler die Handelsbeziehungen wurden, desto größer wurde die Konkurrenz für die Heideprodukte. Die Heidebauern mussten ihr Land verkaufen und auf den Heideflächen wurden wieder viele Bäume gepflanzt.
Das hätte das Ende der Heide sein können. Bei uns gründete sich aber vor circa 100 Jahren einer der ersten Naturschutzvereine Deutschlands. Es ist derselbe Verein, der sich auch heute noch um die Heideflächen kümmert.
Die Pflanze, die in der Heide hauptsächlich wächst, heißt „Besenheide". Sie wächst und blüht nur dann in großen Flächen, wenn die Landschaft von Menschen und Tieren intensiv gepflegt wird. Aber wie funktioniert das nun im Einzelnen? Unsere wichtigsten Helfer sind dabei die Heidschnucken, eine alte Schafrasse. Täglich ziehen sechs Schafherden durch die Lüneburger Heide. Die Tiere fressen alles weg, was in die Höhe wachsen will. So bleibt die Heide kurz und bietet Lebensraum für viele seltene Tiere und Pflanzen.
Sehr geehrte Damen und Herren, so funktioniert die Erhaltung der Heide. Bevor ich gleich zum letzten Punkt komme: Haben Sie denn an dieser Stelle bereits Fragen? Bitte!

Journalist 1:

Ich würde gern wissen, wer denn all die Arbeiten koordiniert und organisiert, die für die Erhaltung der Heide nötig sind?

Inga Malin Peters:

Ich habe Ihnen ja vorhin vom Naturschutzverein erzählt. Dieser Verein übernimmt und koordiniert die wichtigen Pflegemaßnahmen in der Heide. Aber dieser Verein lebt von unserer Mithilfe, auch finanziell. Je mehr Menschen aus der Region sich engagieren, desto besser kann er seine Arbeit machen. Auch Sie könnten doch zum Beispiel eine Patenschaft für eine Heidschnucke übernehmen.

Journalist 1:

Aha, so etwas gibt es? Das kann ich mir ja wirklich mal überlegen!

Inga Malin Peters:

Das wäre schön! Gibt es denn noch weitere Fragen? Nein? Gut, dann möchte ich nun zum letzten Punkt kommen: Welche Aktivitäten und besonderen Reiseziele können Sie Ihren Lesern, Zuhörern oder Zuschauern empfehlen? Das Wichtigste erleben Sie ja gerade alle selbst: Die schönste Zeit in der Lüneburger Heide ist die Heideblüte. Sie dauert von Anfang August bis Anfang September. Dann blüht die Heide lila. Aber auch außerhalb der Hauptsaison hat man viele Urlaubsmöglichkeiten. Sie können ein Hotel, eine Pension oder eine Ferienwohnung buchen oder auch auf einem der 20 Campingplätze mitten in der Heide zelten.
Die Lüneburger Heide ist flach und daher ideal für eine Fahrradtour. Sie können auch zum Wandern hierher kommen! Die Lüneburger Heide eignet sich besonders für Wander-Anfänger oder Familien mit Kindern. Oder Sie erleben die Heide vom Pferd aus und reiten durch die herrliche Heidelandschaft. Egal, ob Sie wandern, Rad fahren oder reiten: Wenn Sie dann doch mal Hunger bekommen, finden Sie überall kleine Cafés oder Restaurants. Und nun möchte ich zum Schluss kommen. Gibt es noch Fragen von Ihrer Seite? Ja, bitte!

Journalistin 1:

Liebe Frau Peters, ich möchte mich zunächst mal herzlich bedanken, Sie haben uns Ihre Heimat ganz wunderbar vorgestellt. Ich würde am liebsten gleich noch ein paar Tage hierbleiben. Gibt es denn auch ein Heimatmuseum, in dem man sich ansehen kann, wie die Menschen hier früher gelebt haben?

Inga Malin Peters:

Ach, das hätte ich fast vergessen: Ja, wir haben hier eines der ältesten Heimatmuseen in Deutschland: „Dat ole Hus" in Wilsede. Dort wird gezeigt, wie die Heidebauern um 1850 lebten und arbeiteten.

Journalist 2:

Ich hätte auch noch eine Frage: Wissen Sie eigentlich schon, wo Sie Ihren nächsten Auftritt haben?

Inga Malin Peters:

Auf jeden Fall werde ich bei der Tourismusmesse in Berlin dabei sein. So, vielen Dank fürs Zuhören. Nun darf ich Sie noch in den kleinen Saal bitten, wir haben ein paar Getränke und einen kleinen Imbiss vorbereitet.

Aufgabe 5b

Inga Malin Peters:

Ja, guten Tag, meine Damen und Herren, ich freue mich, dass Sie so zahlreich zu unserer Pressekonferenz hier ins Rathaus gekommen sind. Ich freue mich, als Heidekönigin unser schönes Schneverdingen und die Lüneburger Heide vertreten zu dürfen.
Kurz zu meiner Person: Ich bin Bewohnerin der Heide in sechster Generation und habe schon als Kind mit Begeisterung die Krönung der neuen Heidekönigin verfolgt. Je älter ich wurde, desto mehr habe ich mir gewünscht, selbst einmal Heideköni-

gin zu werden. Also geht heute für mich ein Kindheitstraum in Erfüllung. Die einmalige Landschaft der Lüneburger Heide möchte ich Ihnen heute gern vorstellen.

Zunächst möchte ich Ihnen etwas über die Entstehung der Lüneburger Heide erzählen. Dann möchte ich Ihnen erläutern, warum Mensch und Vieh lebenswichtig sind für die Heide. Anschließend stelle ich Ihnen die vielen Möglichkeiten vor, eine wunderschöne Zeit in unserer Heide zu verbringen. Am Ende können Sie mir gern Fragen stellen.

Zuerst komme ich zur Entstehung der Lüneburger Heide: Die Heide sah nicht immer so aus wie heute. Ganz früher waren hier überall Waldflächen, Moore und Bäche. In der Steinzeit kamen die ersten Bauern in diese Gegend. Sie fällten die Bäume und betrieben Ackerbau. Der Wald verschwand und das Heidekraut begann zu wachsen.

Bis Anfang des 18. Jahrhunderts lebten die Bauern von ihren Schafen und Bienen und deren Wolle, Bienenwachs und Honig. Doch je internationaler die Handelsbeziehungen wurden, desto größer wurde die Konkurrenz für die Heideprodukte. Die Heidebauern mussten ihr Land verkaufen und auf den Heideflächen wurden wieder viele Bäume gepflanzt.

Das hätte das Ende der Heide sein können. Bei uns gründete sich aber vor circa 100 Jahren einer der ersten Naturschutzvereine Deutschlands. Es ist derselbe Verein, der sich auch heute noch um die Heideflächen kümmert.

Die Pflanze, die in der Heide hauptsächlich wächst, heißt „Besenheide". Sie wächst und blüht nur dann in großen Flächen, wenn die Landschaft von Menschen und Tieren intensiv gepflegt wird. Aber wie funktioniert das nun im Einzelnen? Unsere wichtigsten Helfer sind dabei die Heidschnucken, eine alte Schafrasse. Täglich ziehen sechs Schafherden durch die Lüneburger Heide. Die Tiere fressen alles weg, was in die Höhe wachsen will. So bleibt die Heide kurz und bietet Lebensraum für viele seltene Tiere und Pflanzen.

Aufgabe 6a und b

Inga Malin Peters:
Sehr geehrte Damen und Herren, so funktioniert die Erhaltung der Heide. Bevor ich gleich zum letzten Punkt komme: Haben Sie denn an dieser Stelle bereits Fragen? Bitte!

Journalist 1:
Ich würde gern wissen, wer denn all die Arbeiten koordiniert und organisiert, die für die Erhaltung der Heide nötig sind?

Inga Malin Peters:
Ich habe Ihnen ja vorhin vom Naturschutzverein erzählt. Dieser Verein übernimmt und koordiniert die wichtigen Pflegemaßnahmen in der Heide. Aber dieser Verein lebt von unserer Mithilfe, auch finanziell. Je mehr Menschen aus der Region sich engagieren, desto besser kann er seine Arbeit machen. Auch Sie könnten doch zum Beispiel eine Patenschaft für eine Heidschnucke übernehmen.

Journalist 1:
Aha, so etwas gibt es? Das kann ich mir ja wirklich mal überlegen!

Inga Malin Peters:
Das wäre schön! Gibt es denn noch weitere Fragen? Nein? Gut, dann möchte ich nun zum letzten Punkt kommen: Welche Aktivitäten und besonderen Reiseziele können Sie Ihren Lesern, Zuhörern oder Zuschau-

ern empfehlen? Das Wichtigste erleben Sie ja gerade alle selbst: Die schönste Zeit in der Lüneburger Heide ist die Heideblüte. Sie dauert von Anfang August bis Anfang September. Dann blüht die Heide lila. Aber auch außerhalb der Hauptsaison hat man viele Urlaubsmöglichkeiten. Sie können ein Hotel, eine Pension oder eine Ferienwohnung buchen oder auch auf einem der 20 Campingplätze mitten in der Heide zelten. Die Lüneburger Heide ist flach und daher ideal für eine Fahrradtour. Sie können auch zum Wandern hierher kommen! Die Lüneburger Heide eignet sich besonders für Wander-Anfänger oder Familien mit Kindern. Oder Sie erleben die Heide vom Pferd aus und reiten durch die herrliche Heidelandschaft. Egal, ob Sie wandern, Rad fahren oder reiten: Wenn Sie dann doch mal Hunger bekommen, finden Sie überall kleine Cafés oder Restaurants. Und nun möchte ich zum Schluss kommen. Gibt es noch Fragen von Ihrer Seite? Ja, bitte!

Journalistin 1:

Liebe Frau Peters, ich möchte mich zunächst mal herzlich bedanken, Sie haben uns Ihre Heimat ganz wunderbar vorgestellt. Ich würde am liebsten gleich noch ein paar Tage hierbleiben. Gibt es denn auch ein Heimatmuseum, in dem man sich ansehen kann, wie die Menschen hier früher gelebt haben?

Inga Malin Peters:

Ach, das hätte ich fast vergessen: Ja, wir haben hier eines der ältesten Heimatmuseen in Deutschland: „Dat ole Hus" in Wilsede. Dort wird gezeigt, wie die Heidebauern um 1850 lebten und arbeiteten.

Journalist 2:

Ich hätte auch noch eine Frage: Wissen Sie eigentlich schon, wo Sie Ihren nächsten Auftritt haben?

Inga Malin Peters:

Auf jeden Fall werde ich bei der Tourismusmesse in Berlin dabei sein. So, vielen Dank fürs Zuhören. Nun darf ich Sie noch in den kleinen Saal bitten, wir haben ein paar Getränke und einen kleinen Imbiss vorbereitet.

Lektion 20

Die anderen werden es dir danken!

Aufgabe 1b

Jupp:	Hallo! Guten Tag!
Franz:	Grüezi!
Jupp:	Ach, schön haben Sie es hier!
Franz:	Schön hast du es hier.
Jupp:	Wie bitte?
Franz:	Auf dem Berg duzt man sich. Ich bin der Franz, der Hüttenwirt.
Jupp:	Aha. Wie nett! Ich bin der Jupp. Ich hätte gern ein Schnitzel und einen Schlafplatz für heute Nacht.
Franz:	Hast nicht reserviert?
Jupp:	Nein, leider nicht.
Franz:	Na, da hast aber Glück gehabt, dass noch etwas frei ist.
Jupp:	Schön. Dann geh ich am besten gleich nach oben, mir ein Plätzchen suchen.
Franz:	Moment. Erst die Schuhe ausziehen. Am allerbesten ist, du liest dir erst einmal die Hüttenregeln durch.

Lektion 21

Vorher muss natürlich fleißig geübt werden.

Aufgabe 1b

Julia: Barbara, pack doch den kleinen Koffer oben links hin. Dann passt die Conga vielleicht da drüben noch rein.

Barbara: Okay. So, ja, wunderbar. Die Congas sind auch drin. Dann kann's ja losgehen.

Fotograf: Moment, ich schieß' noch ein Foto. Stellt euch alle drei noch mal vor das Auto. So kommt gut raus, dass die Reise losgeht. Das wäre doch ein tolles erstes Foto für euren Blog.

Julia: Ja, gute Idee. Andrea, komm doch mal her.

Andrea: Bin schon da.

Fotograf: Super! Und jetzt lächeln!

Julia: Oder noch besser, wir singen: eins, zwei, drei …

Alle drei: Jetzt fahr'n wir durch das Land, durch das Land,
jetzt fahr'n wir durch das Land.
Jetzt sind wir auf Tournee, auf Tournee, jetzt sind wir auf Tournee – juchhe!

Aufgabe 5b

Sprecherin:

Im Zentrum, innerhalb der Stadtmauer, liegt die schöne mittelalterliche Altstadt unseres Dorfes. Zwischen der Kirche und dem Rathaus ist der Marktplatz. Hier verkaufen die Bauern der Region zweimal in der Woche ihre Produkte.

Vom Marktplatz aus führt eine Fußgängerzone Richtung Norden. An der Fußgängerzone entlang gibt es auf beiden Seiten viele Geschäfte. Dort kann man gut shoppen gehen und dort ist auch unser großes Kaufhaus. Durch unser Dorf führt ein Fluss, der außerhalb der Stadtmauern zu einem See gestaut ist. Um diesen See herum führt ein breiter Weg mit Bänken zum Ausruhen. Westlich des Sees ist ein Sportplatz. Hinter dem Sportplatz ist das Hallenbad zum Baden und Schwimmen, wenn es für den See noch zu kalt ist.

Unser Dorf ist gut erreichbar, denn es hat auch einen Bahnhof. Er liegt am südwestlichen Rand des Dorfes. Hinter dem Bahnhof steht ein Parkhaus. Hier parken die Pendler der Umgebung, die mit dem Zug in die Stadt fahren.

Besonders schön ist die Lage des Dorfes. Im Süden beginnt eine Berglandschaft. Im Norden liegt außerdem ein kleiner Wald außerhalb des Dorfes. Es gibt also viele Möglichkeiten für Tagesausflüge in die Natur.

Aufgabe 7a

Moderator:

Die drei Musikerinnen Andrea Schick, Barbara Fried und Julia Braun-Podeschwa sind seit vielen Jahren an verschiedenen musikalischen Projekten und Theaterproduktionen beteiligt. Zusammen treten sie als „Wonnebeats" auf. Ich freue mich, dass die drei jetzt bei mir im Studio sitzen. Herzlich willkommen.

Alle drei: Hallo!

Julia: Wir freuen uns, hier zu sein.

Moderator:

Ihr seid jetzt hier in Augsburg. Vorher wart ihr unter anderem in Essen und in der Schweiz, in der Nähe von Basel. Wie ist denn der Ablauf so einer Tournee? Was muss vorbereitet werden und wie ist eure Aufgabenverteilung?

Julia: Ja, also das Wichtigste ist: Vorher muss natürlich fleißig geübt werden. Sobald wir dann wissen, wo wir auftreten, müssen Verträge gemacht werden. Dann müssen Plakate und Informationsmaterial für die Werbung verschickt werden. Das gehört alles zu meinen Aufgaben.

Andrea: Ich kümmere mich um unsere Kostüme. Und weil ich die Fahrerin bin, bin ich außerdem für unser Tour-Auto zuständig. Das muss gesaugt und vollgetankt werden.

Julia: Dann müssen natürlich die Instrumente in Ordnung sein. Jede von uns ist für ihre eigenen Instrumente verantwortlich. Beim Packen darf natürlich nichts vergessen werden, vor allem nicht der Proviant! Darum kümmert sich meistens Barbara.

Barbara: Ja, ich bereite immer eine Kleinigkeit für die Fahrt vor. Ich backe Kuchen und schmiere Brote. Der Konzertveranstalter hat natürlich auch ein paar Aufgaben. Denn auch vor Ort muss so einiges vorbereitet werden. So muss beispielsweise die Technik bereitgestellt werden.

Andrea: Ja, und der Konzertveranstalter muss unsere Plakate aufhängen, denn wir brauchen ja Werbung!

Moderator:
Wow! So ein Konzert bedeutet ganz schön viel Organisation. Wo hat es euch am besten gefallen?

Julia: Also, am meisten überrascht hat mich persönlich das Ruhrgebiet. Da ist kulturell ganz viel los und die Leute waren total herzlich.

Barbara: Ich fand unseren Auftritt in einem Weingut etwas außerhalb von Basel am schönsten. Dort herrschte auch die fröhlichste Stimmung. Der Wein und das gute Wetter waren sicher auch schuld daran.

Andrea: Und Augsburg hatte den nettesten Konzertveranstalter! Er hat uns eine persönliche Stadtführung gegeben und uns die interessantesten Ecken Augsburgs gezeigt. Die „Fuggerei" war eins der spannendsten Erlebnisse auf unserer Tournee.

Julia: Abgesehen von den Auftritten natürlich!

Andrea: Ja, klar! Wobei die Schnitzel in Essen auch nicht zu verachten waren.

Barbara: Und mein Veggie-Burger!

Moderator:
Vielen Dank für euren Besuch hier im Studio.

Julia: Vielen Dank für die Einladung.

Moderator:
Ihre Begeisterung für Rhythmus und Musik, liebe Hörerinnen und Hörer, geben die „Wonnebeats" übrigens nicht nur auf Konzerten, sondern auch in vielfältigen Angeboten für Erwachsene und Kinder weiter. Sie bieten sowohl Firmenworkshops als auch Trommelkurse in Schulen und auf Kindergeburtstagen an. Wer neugierig geworden ist, kann sich gern bei uns in der Redaktion oder auf der Homepage der „Wonnebeats" informieren.

Aufgabe 7b

Moderator:
Ich freue mich, dass die drei jetzt bei mir im Studio sitzen. Herzlich willkommen.

Alle drei: Hallo!

Julia: Wir freuen uns, hier zu sein.

Moderator:
Ihr seid jetzt hier in Augsburg. Vorher wart ihr unter anderem in Essen und in der Schweiz, in der Nähe von Basel. Wie ist denn der Ablauf so einer Tournee? Was muss vorbereitet werden und wie ist eure Aufgabenverteilung?

Julia: Ja, also das Wichtigste ist: Vorher muss natürlich fleißig geübt werden.

Sobald wir dann wissen, wo wir auftreten, müssen Verträge gemacht werden. Dann müssen Plakate und Informationsmaterial für die Werbung verschickt werden. Das gehört alles zu meinen Aufgaben.

Andrea: Ich kümmere mich um unsere Kostüme. Und weil ich die Fahrerin bin, bin ich außerdem für unser Tour-Auto zuständig. Das muss gesaugt und vollgetankt werden.

Julia: Dann müssen natürlich die Instrumente in Ordnung sein. Jede von uns ist für ihre eigenen Instrumente verantwortlich. Beim Packen darf natürlich nichts vergessen werden, vor allem nicht der Proviant! Darum kümmert sich meistens Barbara.

Barbara: Ja, ich bereite immer eine Kleinigkeit für die Fahrt vor. Ich backe Kuchen und schmiere Brote. Der Konzertveranstalter hat natürlich auch ein paar Aufgaben. Denn auch vor Ort muss so einiges vorbereitet werden. So muss beispielweise die Technik bereitgestellt werden.

Andrea: Ja, und der Konzertveranstalter muss unsere Plakate aufhängen, denn wir brauchen ja Werbung!

Moderator: Wow! So ein Konzert bedeutet ganz schön viel Organisation. Wo hat es euch am besten gefallen?

Aufgabe 9

Moderator: Wo hat es euch am besten gefallen?

Julia: Also, am meisten überrascht hat mich persönlich das Ruhrgebiet. Da ist kulturell ganz viel los und die Leute waren total herzlich.

Barbara: Ich fand unseren Auftritt in einem Weingut etwas außerhalb von Basel am schönsten. Dort herrschte auch die fröhlichste Stimmung. Der Wein und das gute Wetter waren sicher auch schuld daran.

Andrea: Und Augsburg hatte den nettesten Konzertveranstalter! Er hat uns eine persönliche Stadtführung gegeben und uns die interessantesten Ecken Augsburgs gezeigt. Die „Fuggerei" war eins der spannendsten Erlebnisse auf unserer Tournee.

Julia: Abgesehen von den Auftritten natürlich!

Andrea: Ja, klar! Wobei die Schnitzel in Essen auch nicht zu verachten waren.

Barbara: Und mein Veggie-Burger!

Moderator: Vielen Dank für euren Besuch hier im Studio.

Julia: Vielen Dank für die Einladung.

Moderator: Ihre Begeisterung für Rhythmus und Musik, liebe Hörerinnen und Hörer, geben die „Wonnebeats" übrigens nicht nur auf Konzerten, sondern auch in vielfältigen Angeboten für Erwachsene und Kinder weiter. Sie bieten sowohl Firmenworkshops als auch Trommelkurse in Schulen und auf Kindergeburtstagen an. Wer neugierig geworden ist, kann sich gern bei uns in der Redaktion oder auf der Homepage der „Wonnebeats" informieren.

Modul-Plus 7

Ausklang: Mit „Wonnebeats" auf Rhythmustour

(vgl. Kursbuch)

Lektion 22

In der BRD wurde die Demokratie eingeführt.

Aufgabe 1b

Audioguide:

Schließen Sie die Augen und erinnern Sie sich: Die Szenen, die sich vor dieser Mauer abspielten, gingen um die Welt. Es ist der Abend des 9. November 1989. Ein Donnerstag. Tausende von Menschen versammeln sich vor der Berliner Mauer am Brandenburger Tor, die sich an diesem Abend zum ersten Mal seit 1961 wieder öffnet. 28 Jahre lang war das Tor verschlossen und ist zum Symbol für das geteilte Berlin geworden. Doch wie kam es dazu? Drehen wir die Uhr noch ein Stückchen weiter zurück.

Aufgabe 3

Sequenz 1:
Audioguide:

Vom Kriegsende bis zur Teilung Deutschlands

Junge: Extrablatt! Extrablatt! Der Krieg ist vorbei!

Audioguide:

Im Mai 1945 ist Deutschland endlich von den Alliierten befreit worden. Das Land und die Stadt Berlin wurden in vier Besatzungszonen geteilt: eine amerikanische, eine sowjetische, eine französische und eine britische. Da sich aber die westlichen Länder und die Sowjetunion nicht über die zukünftige Staatsform einigen konnten, kam es schließlich zur Teilung Deutschlands in einen West- und einen Ostteil.

Wenn Sie mehr über die Teilung Deutschlands wissen wollen, drücken Sie die 1-0-1.

Sequenz 2:
Audioguide:

Von der Teilung Deutschlands bis zum Mauerbau
1948 waren über dem Berliner Himmel häufig Flugzeugmotoren zu hören. Was hatte das zu bedeuten? Dazu muss man wissen, dass der Westteil von Berlin kurz zuvor von den sowjetischen Truppen blockiert worden ist. Von einem Tag auf den anderen war die Berliner Bevölkerung von der Außenwelt abgeschnitten. Die westlichen Alliierten ließen sich das allerdings nicht gefallen. Sie beschlossen, den Menschen einfach aus der Luft mit den wichtigsten Lebensmitteln zu helfen. Ihre Taktik ist später als „Berliner Luftbrücke" bekannt geworden.
Schließlich gab die Sowjetunion auf. Deutschland wurde in „West" und „Ost" geteilt. Im Westen wurde 1949 die Bundesrepublik Deutschland gegründet, im Osten die Deutsche Demokratische Republik. In der BRD wurde die Demokratie eingeführt, in der DDR eine sozialistische Ein-Parteien-Diktatur.
Während die BRD mithilfe der USA ein „Wirtschaftswunder" erlebte, hatte die DDR große wirtschaftliche Probleme. Immer mehr Menschen zogen in den Westen. Die DDR musste reagieren, wenn sie nicht irgendwann ohne Einwohner dastehen wollte. Obwohl die DDR-Regierung noch im Juni 1961 erklärte, dass niemand vorhatte, eine Mauer zu bauen, konnte man in der Nacht vom 12. auf den 13. August 1961 plötzlich Baulärm hören. Quer durch die Hauptstadt wurde Stacheldraht gezogen. Rund

um Westberlin entstand eine drei
Meter hohe Mauer.

Audioguide:

Wenn Sie mehr über den Alltag in
der DDR wissen wollen, drücken Sie
die 1-0-2.

Sequenz 3:

Audioguide:

Alltag in der DDR
Nachdem 1961 die Berliner Mauer
gebaut wurde, glaubte kaum einer
mehr an die Wiedervereinigung. Die
Menschen gewöhnten sich an den
DDR-Alltag. Ein- bis dreijährige Kinder wurden ganztägig in Krippen
betreut, denn oft waren beide Partner
berufstätig. Trotzdem hatten die Menschen nicht viel. Lebensmittel waren
oft knapp. Viele Produkte wurden so
selten angeboten, dass es vor den
Geschäften lange Schlangen gab. Sehr
beliebt war ein Auto, das in der DDR
gebaut wurde: der Trabant. Sogar
gebraucht war er fast noch so viel
wert wie neu.
Wer es sich leisten konnte, hatte ein
Wochenendhaus. Die sogenannte
„Datsche" lag meist am Rand der Stadt
oder auf dem Land. Im Garten wurden
Obst und Gemüse angebaut. Aber die
Datsche wurde vor allem auch nicht
so streng kontrolliert. Denn vergessen
wir nicht: Freie Meinungsäußerung
war in der DDR unmöglich. In 40 Jahren DDR wurden etwa 250 000 Menschen aus politischen Gründen ver-
haftet. Ehemalige „Stasi-Gefängnisse"
sind später in Gedenkstätten umgewandelt worden, die man noch heute
besichtigen kann. Sie erinnern uns
an diese schwierige Zeit, die erst 1989
endete.
Wenn Sie mehr über die friedliche
Revolution in der DDR und die deutsche Wiedervereinigung wissen wollen, drücken Sie die 1-0-3.

Sequenz 4:

Audioguide:

Friedliche Revolution und deutsche
Wiedervereinigung
1989 öffnete zunächst Ungarn seine
Grenze in den Westen. Das sprach
sich schnell herum. Tausende von
DDR-Bürgern reisten nach Ungarn,
Polen und in die damalige Tschecho-
slowakei. Sie besetzten die westdeut-
schen Botschaften oder flohen über
die offenen Grenzen in den Westen.
Durch die massenhafte Flucht verlor
die Berliner Mauer mehr und mehr
ihren Sinn. Doch auch in der DDR gingen immer mehr Menschen auf die
Straßen. Hier hören Sie, wie die Menschen mit dem Ruf „Wir sind das
Volk" gegen das System protestieren,
von dem sie 41 Jahre lang unterdrückt
worden sind. In der Leipziger Nikolai-
kirche fingen die Friedensgebete und
die Montagsdemonstrationen an und
breiteten sich von dort auch in andere
Städte aus. Sie wurden zum Symbol
für die friedliche Revolution.
Am 9. November 1989 fiel endlich die
Mauer. Und am 3. Oktober 1990 wurden die „neuen Länder" der DDR und
die „alten Länder" der BRD gemeinsam zur Bundesrepublik Deutschland.

Lektion 23

Fahrradfahren ist in.

Aufgabe 2b

1

Heike:

Uns ist es wichtig, so umweltbewusst
wie möglich zu leben. Wir wohnen in
der Stadt, da brauchen wir kein Auto.
Aber ohne diesen kleinen Lastesel
hier könnte ich keinen Tag leben. Ich
habe zwei Kinder, eins davon ist erst

zwei Jahre alt und fährt noch nicht selbst Fahrrad. Die Kleine setze ich morgens bei jedem Wetter in ihren Sitz und ab geht's zum Kindergarten. Auf dem Rückweg mache ich dann meine Einkäufe. Sie glauben gar nicht, wie viel hier reinpasst! Nur für die Treppen in den vierten Stock, da müsste noch was erfunden werden.

2

Christoph:

Bei der Arbeit sitze ich sehr viel am Schreibtisch, abends oder am Wochenende brauche ich dringend Bewegung und frische Luft. Ich wohne in Klagenfurt am Wörthersee – es gibt hier klare Seen, einsame Straßen und jede Menge hohe Berge drum herum. Ich fahre oft nach Feierabend alleine oder mit meinen Freunden eine Tour, so zwischen 50 und 100 Kilometer. Zurzeit trainieren wir regelmäßig, denn im Sommer wollen wir alle zusammen von hier bis an die Adria fahren. Das ist schon lange ein Traum von mir!

3

Yvette: Das ist mein Rad und das kann ruhig jeder sofort sehen. So eins gibt's nur einmal. Ich bekomme immer gleich gute Laune, wenn ich aufs Rad steige. Und die Leute um mich herum auch, die lachen mir zu und freuen sich. Klar, es gibt auch welche, die finden das blöd und kindisch. Egal! Ich finde es dafür langweilig, wenn alle Fahrräder gleich aussehen.

4

Bruno: Ich habe schon viele Fahrräder gehabt und ich muss sagen: Ich kann mir kein besseres vorstellen als dieses hier. Ich sitze so viel bequemer als auf meinem alten Rad und habe auch nach langem Fahren keine Schmerzen im Nacken. Und wenn ich mal länger unterwegs bin, kann ich auch eine Gepäcktasche montieren, so wie heute.

Aufgabe 3b

Sprecher: Die Zeiten, in denen sich alles nur ums Auto drehte, sind vorbei. Immer mehr Städte in Deutschland, Österreich und der Schweiz erkennen, dass es sich lohnt, den Radverkehr zu fördern. Tobias Brunnthaler, Experte für Mobilität und Umwelt, hat in den letzten Jahren entscheidend dazu beigetragen, dass das so ist.

Moderatorin:

Herr Brunnthaler, gerade sind wieder die Ergebnisse für die fahrradfreundlichste Stadt in Deutschland veröffentlicht worden. Ganz oben mit dabei sind Städte wie Münster, Freiburg und Karlsruhe. Was machen diese Städte richtig?

Tobias Brunnthaler:

Diese Städte machen sehr viel richtig. Sie schaffen es zum Beispiel, dass ihre Bürger immer mehr aufs Fahrrad steigen, statt das Auto zu benutzen. Die wichtigste Voraussetzung dafür ist natürlich der Ausbau der Radwege: Es werden breitere und neue Radstrecken eingerichtet, Straßen in reine Fahrradstraßen umgewandelt, in denen Radfahrer Vorfahrt haben, Über- oder Unterführungen für Radfahrer gebaut, damit gefährliche Kreuzungen umgangen werden können. Außerdem werden die Parkmöglichkeiten für Fahrräder in diesen Städten verbessert. Es gibt Service-Stationen, an denen man Reparaturen an Bremsen oder Klingeln durchführen lassen kann, den Reifendruck prüfen oder Ersatzteile kaufen kann, Scherben-Dienste und vieles mehr.

Moderatorin:

Was ist neben der Infrastruktur noch nötig, um die Bürger zum Umsteigen zu bewegen?

Tobias Brunnthaler:

Wichtig ist, dass die Bürger erkennen können, dass eine fußgänger- und fahrradfreundliche Stadt eine lebenswerte Stadt ist. Dass sie spüren: Hier lebe ich in einem attraktiven Umfeld, ohne auf Komfort zu verzichten. Fest steht doch: Beim Radfahren kann man das Schöne mit dem Nützlichen verbinden. Anstatt im Stau zu stehen oder einen Parkplatz zu suchen, steigere ich Fitness und Kondition und kann mich gleichzeitig entspannen. Und nebenbei spare ich Geld und schütze aktiv die Umwelt. Bessere Argumente für das Fahrradfahren gibt es nicht!

Moderatorin:

Sagen Sie uns doch bitte zum Abschluss noch, wie Sie die Chancen sehen, dass in ganz Deutschland mehr und mehr Menschen aufs Fahrrad umsteigen.

Tobias Brunnthaler:

Ich sehe die Entwicklungen sehr positiv. Die Zeiten, in denen sich alles nur ums Auto drehte, sind vorbei. Zum einen hat die Politik erkannt, dass das Fahrrad eine sehr wichtige Rolle bei der Mobilität der Zukunft einnimmt. Außerdem nehmen auch die Bürger selbst die Sache in die Hand und demonstrieren für Verbesserungen im Radverkehr. Und schließlich kann kaum jemand leugnen, dass das Fahrrad besonders in Stadtgebieten meist die klügste Wahl ist. Und das erkennen hier offenbar auch junge Menschen immer mehr. Fahrradfahren ist in.

Lektion 24

Das löst mehrere Probleme auf einmal.

Aufgabe 1

Mann 1: So, noch ein bisschen auflockern, das dürfte tief genug sein. Jetzt könnt ihr ein bisschen von der neuen Erde ins Loch geben.

Kind: Halt mal fest.

Mann 1: Das reicht erst mal, danke! Und jetzt, Rudi, ganz langsam den Baum einsetzen. Moment, ich helfe dir. Kinder, ist er so gerade?

Kind: Ein bisschen da rüber, ja, so ist es gut!

Mann 1: Okay, dann jetzt bitte das Loch mit der Erde auffüllen. Das sieht gut aus! Kinder, ihr könnt jetzt gießen, hier sind die Gießkannen.

Frau 1: So, das wird also mal die Dorflinde!

Mann 2: Na, hoffentlich wächst die gut an!

Frau 2: War ja gar nicht so schwierig.

Aufgabe 6b und c

Sprecher: Forum Zukunft – mit Annabelle Großer

Frau Großer:

Ja, liebe Hörerinnen und Hörer, Sie hörten einen Bericht über das „Menschendorf" in Österreich. Also, ich persönlich könnte mir ja auch gut vorstellen, dort zu leben. Aber ist das wirklich eine Wohnform, die sich in den nächsten Jahrzehnten durchsetzen wird? Hierüber und über weitere Themen möchte ich heute mit meinen Gästen sprechen. Meine Gäste sind Gabriella Granados vom „Institut 2050" aus Wien, Dr. Konrad Fischer von der Universität Berlin und Ronald Brandes vom Herrnheimer Forschungsinstitut. Alle drei beschäftigen sich seit Jahren mit Zukunftsszenarien.

Frau Granados:

Hallo.

Herr Dr. Fischer:

Guten Tag.

Herr Brandes:

Danke schön für die Einladung.

Frau Großer:

Ja, Frau Granados, an Sie habe ich gleich die erste Frage: Das Modell vom Mehrgenerationen-Wohnen ist ja eigentlich eine schöne Vorstellung. Aber ist es realistisch, dass wir hiermit unsere gesellschaftlichen Probleme in den Griff bekommen?

Frau Granados:

Warum nicht? Die Zahl der Menschen ohne Familie nimmt ja zu. Und dann ist solch ein Projekt eine geeignete Form, um im Alter nicht allein zu sein.

Herr Dr. Fischer:

Also, wenn ich hier mal ein paar konkrete Zahlen nennen darf …

Frau Großer:

Gern, Herr Dr. Fischer.

Herr Dr. Fischer:

In wenigen Jahrzehnten wird sich die Zahl der über 60-Jährigen in Deutschland verdoppeln und die der über 90-Jährigen verdreifachen. Da können wir nicht so tun, als ob alle alten Menschen persönlich und individuell betreut werden könnten. Das wird nur für wenige Menschen funktionieren. Wir müssen weiter intensiv an Lösungen aus dem Technologiebereich denken. Sie wissen ja, dass mehrere Hersteller Haushalts- und Pflege-Roboter entwickeln. Schon in naher Zukunft sollen sie den Senioren im Alltag helfen können.

Frau Großer:

Aber so einen Roboter können sich doch sicher nur wenige Menschen leisten, sie sind doch bestimmt wahnsinnig teuer.

Herr Dr. Fischer:

Ich denke hier zunächst auch nicht an einen Einsatz im privaten Haushalt, sondern zum Beispiel in Kliniken oder Pflegeheimen, wo sie vielen Menschen helfen können. Die Roboter werden dann Blutdruck messen, Tabletten und Getränke verteilen, den Weg zeigen.

Frau Großer:

Herr Brandes, könnten Sie sich vorstellen, sich in 40 Jahren von einem Roboter pflegen zu lassen?

Herr Brandes:

Zunächst einmal: Natürlich kann ein Automat niemals einen Menschen ersetzen. Wenn aber immer mehr Menschen Hilfe brauchen und sich gleichzeitig immer weniger Personal um sie kümmern kann, dann haben wir keine andere Wahl. Es geht hier ja nicht nur darum, dass einem ein Roboter eine Tasse Tee einschenkt, sondern um Technologien, die uns ein unabhängiges Leben ermöglichen.

Herr Dr. Fischer:

Da haben Sie recht, Herr Brandes. Wir denken da zum Beispiel an ferngesteuerte Kameras, die Ärzten oder der Familie Kontakt zu den betreuten Personen ermöglichen. Wir entwickeln neue Sensoren und Notrufsysteme wie zum Beispiel eine Fußmatte vor dem Bett, die den Notarzt ruft, wenn ein Patient hinfällt und nicht mehr aufstehen kann.

Frau Großer:

Die Nutzung von Elektronik nimmt ja in allen Lebensbereichen zu. Herr Brandes, Sie sind heute als Experte für Mobilitätskonzepte bei uns. Welche Entwicklungen sehen Sie hier in den nächsten Jahren? Wollen Sie den Deutschen das Auto wegnehmen?

Herr Brandes:

Nein, das wird wohl schwierig. Es wird im Moment ja auch noch gebraucht, vor allem auf dem Land. Aber wir müssen noch mehr auf Elektroautos setzen.

Frau Granados:

Entschuldigen Sie, dass ich unterbreche, Herr Brandes. Aber Sie tun gerade so, als ob Elektroautos keine Energie verbrauchen würden. Das ist doch auch keine Lösung. Das Stichwort der Zukunft heißt meiner Meinung nach: teilen statt besitzen.

Herr Brandes:

Lassen Sie mich doch bitte ausreden, Frau Granados, ich komme gleich noch dazu: Es gibt die Vision, dass wir 2050 nicht mehr mit Benzin oder Diesel, sondern rein elektrisch fahren. Und ich denke, dass wir dieses Ziel erreichen können. Zum anderen wird es so sein, wie Sie schon sagten: Das Teilen wird immer wichtiger werden. Wie heute schon beim Carsharing, werden die Menschen auch Elektroautos gemeinschaftlich nutzen.

Frau Großer:

Danke, Herr Brandes. An dieser Stelle möchte ich gern direkt unseren ersten Anrufer, Herrn Unruh, zu Wort kommen lassen. Wie sehen Sie das Thema Mobilität der Zukunft?

Herr Unruh:

Guten Tag zusammen! Also, mir fehlt vor allem eines bei all diesen Überlegungen: der aktive Klimaschutz. Ich habe das Gefühl, dass wir in Sachen Klimaschutz immer noch so tun, als ob wir ewig Zeit für Veränderungen hätten. Dabei ist die Sache ganz einfach: Wir müssten alle viel mehr mit dem Fahrrad fahren. Das löst mehrere Probleme auf einmal!

Frau Großer:

Danke für Ihren Anruf, Herr Unruh. Da hat Ihnen unser Hörer doch aus der Seele gesprochen, Frau Granados, oder?

Frau Granados:

Ja, natürlich. Das Fahrrad ist eines der ökologischsten Verkehrsmittel überhaupt und hier können wir noch sehr viel für Klima und Geldbeutel tun. In diesem Zusammenhang will ich noch einen anderen Aspekt erwähnen: Lange Zeit galt Umweltschutz ja als Aufgabe der Politik. Hier hat sich in den letzten Jahrzehnten unheimlich viel verändert, weil auch die Bevölkerung Initiative ergreift.

Frau Großer:

Können Sie ein Beispiel nennen, Frau Granados?

Frau Granados:

Ja, gerade im Bereich der Ernährung finden wir zahlreiche Beispiele. Wenn Sie sich in den großen Städten umschauen, finden Sie überall Gemeinschaftsgärten und Bienenstöcke erobern die Hochhäuser. Die Menschen wünschen sich Lebensmittel, von denen sie wissen, wo sie herkommen. Statt ihre Lebensmittel wie bisher im Supermarkt zu kaufen, bauen sie ihr Obst und Gemüse lieber selbst an.

Frau Großer:

Ja, liebe Hörerinnen und Hörer, wie ist es bei Ihnen? Was ist Ihnen wichtig? Das würden wir gern wissen. Rufen Sie uns an oder schicken Sie uns eine E-Mail. Unsere Gäste sind auch weiterhin im Chat für Sie da. Wir machen jetzt eine kleine Pause mit Musik von den „Roaring Tomatoes"!

Modul-Plus 8

Ausklang: Wir alle sind Menschen

(vgl. Kursbuch)

Clip 5:

Missverständnis 1: schwanger ←→ Schwager
Schülerin 1:

Eine lustige Geschichte: Im Integrationskurs habe ich natürlich Deutsch gelernt und wenn ich ein neues Thema gelernt habe, dann wollte ich das mit meinem Mann besprechen. Einmal war das Thema: Familie. Zum Beispiel: Wie heißt der Vater von meinem Mann für mich? Oder der Bruder? Mein Mann hat einen Zwillingsbruder und der heißt Marc. Und ich komme ganz stolz nach Hause und sage zu meinem Mann: „Weißt du, Marc, dein Bruder, ist schwanger für mich." Er hat so geguckt, so erstaunt, und gesagt: „Nein!" Und ich: „Doch, doch, Marc ist schwanger für mich!" Er hat dann gefragt, ob ich meine, dass er einen großen, dicken Bauch hat. „Nein, er ist sportlich", habe ich gesagt. „Aber er ist schwanger für mich." Und ich meinte natürlich Schwager, nicht schwanger, sondern Schwager. Aber das war auch lustig.

Missverständnis 2: Appetit ←→ appetitlich
Schülerin 2:

Also, ich erzähle Ihnen zwei meiner lustigsten Versprecher. Einmal habe ich gesagt: „Mmmh, heute bin ich so appetitlich." Dabei meinte ich: Ich habe sehr viel Appetit heute und nicht, dass ich selbst appetitlich bin.

Missverständnis 3: streicheln ←→ streichen
Schülerin 2:

Und zweitens: Als ich aus meiner Wohnung ausziehen musste, da habe ich gesagt: „Oh ja, ich muss noch die Wände streicheln", anstatt die Wände streichen.

Missverständnis 4: Apfel ←→ Apfelsine
Schülerin 3:

Dann fange ich an mit meiner Geschichte: Ganz am Anfang, als ich nach Deutschland gekommen bin und nach München, habe ich auch ein bisschen angefangen zu arbeiten. Meine Chefin war ein großer Fan von Obst und Gemüse. Wir haben eine kleine Pause gehabt und sie hat mich gebeten, dass ich einfach in ein Geschäft gehe, um ein Kilo Apfelsinen zu kaufen. Das „sine" habe ich aber irgendwie ignoriert. Ich bin ins Geschäft gegangen und habe ein Kilo Äpfel gekauft. Ich bin vom Geschäft zurückgekommen und da hat sich herausgestellt, dass Apfelsinen in Wirklichkeit Orangen sind. Aber für mich waren Orangen Orangen und Apfelsinen ... Ich hab' das einfach mit Apfel verwechselt.

Missverständnis 5: £ ←→ Pfund
Schüler 1: Ja, also es war einmal total lustig, als ich von Ägypten hierher gekommen bin. Ich war total neugierig auf die deutsche Küche und darauf, was man hier alles isst. Und da bin ich zu Tengelmann gegangen. Und dort gehe ich in diese Fleischabteilung und da finde ich jede Menge Sorten. Und da sage ich: „Entschuldigung, ich möchte auch dieses Tartar." Und er sagt zu mir: „Ein Pfund oder ein halbes Pfund?" Und ich sage: „Nein, Euro!" Dann sagt er: „Ja, ja, aber ein Pfund?" Da sage ich: „Nehmen Sie auch Pfund hier?" Dann sagt er: „Ein Pfund ist 500 Gramm." Das war eine lustige Geschichte, weil ich das Wort doppelt verstanden habe. Für mich heißt Pfund nur die Währung und für ihn ist Pfund 500 Gramm.

Missverständnis 6: füttern ←→ fressen
Schülerin 4:

Die Geschichte ist in meinem Haus passiert. Die Vermieterin hat zwei Katzen und manchmal füttere ich die Katzen. Und als die Vermieterin zurückgekommen ist, hat sie die Katze gesucht und ich habe gesagt: „Ich habe die Katze gefressen." Denn für mich hatte „fressen" und „füttern" die gleiche Bedeutung. Die Vermieterin hat gefragt: „Was?" und war ein bisschen schockiert. Und dann ich habe wiederholt: „Ich habe die Katze gefressen", weil es für mich richtig war. Und dann kam eine Katze ins Zimmer und sie hat die Katze gesehen und bemerkt, dass ich es falsch gesagt habe. Sie hat mir erklärt, dass es „fressen" heißt, wenn ich eine Katze esse und „füttern", wenn ich der Katze etwas zu fressen gebe.

Modul-Plus 6

Clip 6:

Rudolf Wahl:

Mein Name ist Rudolf Wahl, ich lebe hier in Gundelfingen an der Donau, bin 73 Jahre alt, bin verheiratet, habe vier Kinder. Ich hatte hier in Gundelfingen eine eigene Brauerei, die ich gerne geleitet habe. Ich war der „Bräu von Gundelfingen" und war darauf sehr stolz. Mittlerweile habe ich die Brauerei geschlossen und bin Rentner. Und jetzt bin ich auf das Hobby gekommen, die Nachbarschaftshilfe zu gründen. Weil ich durch diesen Dienst Menschen, die Hilfe benötigen, zusammenbringen möchte mit Menschen, die Hilfe anbieten. Wir haben bei der Nachbarschaftshilfe feste Zeiten, zu denen wir im Büro ansprechbar sind. Und zwar dienstags und donnerstags jeweils von 10-12 Uhr sind wir am Telefon parat: „Was ist zu machen? Gut, dann besorge ich Ihnen jemanden, der um 10 Uhr kommt."

Wir bieten zum Beispiel Einkaufshilfe an für Menschen mit einer Behinderung. Wenn ein Hilfesuchender, der beispielsweise im Rollstuhl sitzt, eine Hilfe benötigt, dann ruft er bei uns an und wir vermitteln jemanden, der ihn begleitet. Der Hilfesuchende erklärt von seinem Rollstuhl aus, was er benötigt, und dann werden die Waren in den Einkaufswagen gelegt. Wenn der Einkauf beendet ist, gehen beide zur Kasse und dort wird dann abgerechnet. Der Helfer hilft dem Hilfe-suchenden beim Bezahlen und dann gehen die beiden zufrieden nach Hause.

Nachdem wir hier in Gundelfingen keine Fachärzte haben, bieten wir auch Fahrdienste zu derartigen Spezialisten an. Zum Beispiel zu einem Ohrenarzt, zu einem Augenarzt oder auch zu einem Hörgeräte-Akustiker. Der Helfer kommt dann mit seinem Auto vorgefahren, vielleicht eine halbe Stunde vor dem Arzttermin, und bringt ihn zum Arzt, dies ist auch möglich mit einem Rollstuhl: „Hallo Frau Stricker. Ich bin von der Nachbarschaftshilfe. Jetzt gehen wir miteinander fort. Ja?"

Es macht richtig Spaß, Menschen zusammenzubringen und dann auch zu erfahren, wie dankbar solche Menschen sind, dass ihnen Hilfe geleistet wird. Denn es sind ja oft Menschen, die ziemlich alleine sind, die wenig soziale Kontakte haben und die dadurch einfach ein bisschen aufblühen und die ihre Dankbarkeit einen auch wirklich spüren lassen. Und dann kommt es sogar vor, dass es heißt: „Ja, die haben mich sogar danach noch zum Kaffeetrinken eingeladen." Und daraus wird ein herz-liches Verhältnis und so muss ich sagen, ist es eine rundum gelungene Sache. Aus dieser Erfahrung heraus möchte ich eben alle Menschen, die sich irgendwie ein bisschen Zeit absparen können, ermutigen, solche Dienste zu machen, denn es ist eine ganz tolle Geschichte, was man hier den Menschen geben kann.

Modul-Plus 7

Clip 7:

Astrid Herrnleben:
    Hallo, zusammen!
Kinder: Hallo!
Astrid Herrnleben:
    Mein Name ist Astrid Herrnleben und ihr seid heute meine Stadtdetektive! Seid ihr bereit?
Kinder: Ja!
Astrid Herrnleben:
    Ok, dann starten wir durch. Ich habe für jeden von euch einen Detektiv-Auftrag. Poldi, liest du mal vor, was du suchen musst?
Poldi: Finde den Ritter, der ein Schwert und die Kaiserfahne hält.
Astrid Herrnleben:
    Und wollt ihr noch eine Aufgabe lösen?
Kinder: Ja!
Astrid Herrnleben:
    Dann aufgepasst: Sucht vier Fische, die sich außerhalb des Wassers befinden.
Kinder: Hä?
Astrid Herrnleben:
    Kommt mit!
    Ich biete seit einigen Jahren Stadtführungen für Kinder in München an. Heute bin ich unterwegs in der Münchner Innenstadt. Auf der „Rup-

pigen Ritter"-Tour. Die Idee, Stadtführungen für Kinder anzubieten, die hatte ich schon vor sechs Jahren. Davor habe ich auch schon mit Kindern gearbeitet, damals noch als Diplom-Psychologin. Das war auch eine wunderbare Tätigkeit, aber teilweise sehr schwer und belastend. Deshalb wollte ich unbedingt etwas Neues machen. Und das Neue sollte auch mit Kindern zu tun haben.
    Und jetzt dürft ihr mal raten: Woher stammen die Muscheln, mit denen diese Fische ausgekleidet wurden?
Kind 1:   Aus der Ostsee.
Astrid Herrnleben:
    Aus der Ostsee ist eine gute Idee, aber es ist nicht die Ostsee.
Kind 2:   Aus der Südsee.
Kind 3:   Aus dem Meer.
Kind 4:   Aus dem Ozean.
Astrid Herrnleben:
    Aus keinem Meer, aus keinem Ozean.
Kind 1:   Aus der Isar.
Astrid Herrnleben:
    Aus der Isar? Wir kommen der Sache näher. Aus keinem Fluss.
Kind 2:   Aus der Donau.
Astrid Herrnleben:
    Aus der Donau? Aus keinem Fluss.
Kind 5:   Aus dem Bach.
Kind 3:   Aus dem Starnberger See.
Astrid Herrnleben:
    Mensch, Bruno, sag's laut.
Kind 3:   Aus dem Starnberger See.
Astrid Herrnleben:
    Ausgezeichnet! Alle Muscheln stammen aus dem Starnberger See.
Kind 2:   Echt? Cool, da gehe ich immer schwimmen.
Astrid Herrnleben:
    Na, da kannst du mal gucken. Früher war das noch muschelreich. Also, Leute: Wir haben uns ja eigentlich auf die Suche nach einem Ritter gemacht. Und ich gebe euch mein Wort drauf:

Kind 6: Dieser Ritter ist keine hundert Meter mehr von uns entfernt. Und man kann ihn von hieraus sogar –

Kind 6: sehen!

Astrid Herrnleben:

So ist es. Kommt mit.

Da mich Geschichte schon immer faszinierte, ich nebenbei auch noch Archäologie studiert habe, boten sich die Stadtführungen für Kinder natürlich an. Ich habe also noch eine Weiterbildung zur Stadtführerin gemacht und kann heute all meine Interessen mit den „Stadtdetektiven" vereinen. Es macht mir einfach riesigen Spaß, mit und für Kinder zu arbeiten. Schaut hin, das ist Otto von Wittelsbach. Eine der strahlendsten Gestalten der Stauferzeit. Ein unglaublich mutiger Ritter und für seinen Mut wurde er sogar richtiggehend belohnt. Der Kaiser, Friedrich Barbarossa, hat ihm Bayern geschenkt.

Ich versuche, den Kindern spielerisch und in ihrer Sprache zu vermitteln, wie spannend und aufregend Geschichte sein kann. Mithilfe der Detektiv-Aufträge, die ich immer am Anfang austeile, wird die Tour zu einer echten Abenteuereise!

So, und jetzt kommen wir zu meinem absoluten Lieblingsritter, meinem Herzog Christoph dem Starken. Und warum er so heißt, das wird euch dann verraten, wenn ihr das mittelalterliche Sportstudio entdeckt habt. Kleiner Tipp: Ein Engel weist euch den Weg. Auf geht's.

Ich lebe seit mehr als zehn Jahren in München und habe mich mittlerweile in diese Stadt verliebt. Zugegeben – es war keine Liebe auf den ersten Blick. Wenn man jünger ist, will man vielleicht eher nach Berlin oder Hamburg. Aber wenn man erst mal hier ist, dann beginnt der Zauber Münchens zu wirken. Es ist eine herrlich grüne Stadt, beinahe alles ist zu Fuß oder mit dem Fahrrad zu erreichen. Und hier, Leute, seht ihr also den Engel, der euch den Weg zeigt. Und da müssen wir also lang.

Obendrein bietet mir München alles, was ich schätze. Kunst, Kultur, Freizeitangebote ohne Ende. Es gibt keine Stadt in Deutschland, in der ich lieber leben würde!

Und stopp! Leute, tadaa! Das ist das mittelalterliche Sportstudio von Herzog Christoph dem Starken.

Kinder: Hä?

Astrid Herrnleben:

Eines der wichtigsten Sportgeräte befindet sich genau hier: Das ist der berühmte Stein von Herzog Christoph dem Starken. Versucht ihn mal anzuheben. Hm, das sieht nicht so gut aus. Aufgepasst: Diesen Stein hat unser Herzog Christoph eins, zwei, drei, vier, fünf, sechs, sieben, acht, neun Schritte weit geworfen. War der stark oder was?

Kinder: Ja!

Astrid Herrnleben:

Und jetzt, Kinder, versteht ihr warum Herzog Christoph den Beinamen „der Starke" hatte. Wir haben von ihm nicht nur seinen Stein, sondern wir haben das wohl kostbarste Geschenk von Herzog Christoph: Wir haben sein Schwert. Und dieses Schwert ist in der –

Kinder: Schatzkammer!

Astrid Herrnleben:

Endlich in die Schatzkammer! Ihr werdet Kronen, Juwelen, Schwerter sehen, kommt!

Ach, ihr müsst leider draußen bleiben, heute gehen nur kleine Stadtdetektive rein. Kommt mich besuchen, bis dann. Servus.

Clip 8:

Sprecher: Ende Mai bis Mitte Juni: Abhängig davon, wie die Wetter- und Schnee-situation in den höheren Lagen ist, kommen die Kühe auf Sommerfrische. In Österreich verbringen mehr als die Hälfte der Heumilch-Kühe die Sommermonate auf mindestens 1500 Höhenmetern. In dieser unberührten Natur fühlen sich nicht nur die Tiere wohl. Auch die Bauern genießen die Zeit in der Bergwelt.

Thomas Fankhauser: Ich bin so oft wie möglich auf der Karl Alm, weil da oben mit der Ruhe und auf der Höhe, fühle ich mich besonders wohl. Mein Vater und die Sennerin betreuen meine Kühe über den ganzen Sommer und verarbeiten die Milch zu Bergkäse und Tilsiter – den besten weit und breit.

Sprecher: Heumilch ist aufgrund ihrer hohen Qualität der ideale Rohstoff für die Käseherstellung. Durch den Verzicht auf Silage, vergorene Futtermittel, kann Käse ohne Zusatz von Konservierungsmitteln oder intensive mechanische Behandlung hergestellt werden. Traditionelle Käsespezialitäten, wie Bergkäse oder Emmentaler, müssen in Österreich sogar ausschließlich aus Heumilch produziert werden.

Martina Irlbacher: Also, zusammen mit unseren 10 Kühen produzieren wir auf der Karl Alm in etwa 10 000 Liter beste Heumilch. Daraus entstehen dann 1000 Kilo Käse. Überwiegend machen wir Bergkäse und Tilsiter, genauso aber auch andere Milchprodukte wie Butter, Topfen und andere Sachen, aus denen man dann ganz leckere Sachen machen kann.

Vater Fankhauser: Ja, es macht schon Arbeit, aber es ist ja eine schöne Arbeit, nicht?

Thomas Fankhauser: Bei uns kommen ab und zu Wanderer vorbei. Denen servieren wir dann Milch, Käse und selber gebackenes Brot. Und wenn jemand etwas Besonderes will, dann macht ihnen mein Vater Melchermus.

Sprecher: Der hochwertige Rohstoff wird von den mehr als 60 österreichischen Betrieben nicht nur zu außergewöhnlichen und vielen verschiedenen Käsesorten veredelt. Die Verarbeiter bieten auch eine breite Palette von Milchprodukten an: von Frischmilch über Topfen und Joghurt bis hin zu Butter und Sauermilch. Spezialitäten wie Ziegen- und Schafmilchprodukte runden das Sortiment ab. Österreich ist damit europaweit das Land mit der größten Heumilch-Vielfalt.

Test Modul 5 *(Lektion 13–15)*

1 **b** geredet, folgen; **c** peinlich, Bedeutung; **d** gebissen, undeutlich; **e** Bank, erschrocken

2 Erwachsenenbildung; notwendig; aktuelle; Eindruck; Atem; Stimme; Software; herunterladen; Gefahren; Kulturen; Gewürzen

3 **b** der Reporter; **c** der Wissenschaftler; **d** die Pressemeldung; **e** die Schichtarbeit; **f** die Industrie; **g** der Sozialarbeiter; **h** die Bewerbung; **i** der Physiklehrer

4 wegen; darum; deswegen; nämlich; wegen

5 **a** versteckten; **b** ausgefüllte, Fehlende, abgegebene; **c** umfassende, vorbereitetes; **d** gedeckten, duftendem, gebackenem, blühenden

6 **b** sowohl jeden Tag um 15 Uhr gehen können als auch viel Urlaub haben. **c** nicht nur leichte Aufgaben haben, sondern auch herausfordernde Aufgaben. **d** sowohl allein als auch im Team arbeiten. **e** nicht nur tolle Kolleginnen und Kollegen haben, sondern auch einen netten Chef. **f** sowohl Pressemeldungen schreiben als auch korrigieren dürfen.

7 ist mir Folgendes passiert; Ich war einmal; das habe ich nicht richtig verstanden; Da habe ich gemerkt; gab es ein Missverständnis; Wegen seiner Aussprache

8 Dieser Kurs ist für alle, die; haben Sie die Möglichkeit; Ganz praktisch üben wir; Außerdem erhalten Sie; Vorkenntnisse sind nicht notwendig

9 von oben nach unten: 2; 5; 1; 6; 4; 7; 3

10 **b** falsch; **c** falsch; **d** richtig; **e** falsch; **f** richtig

11 freie Lösung

Test Modul 6 *(Lektion 16–18)*

1 **a** aufgeregt; **b** Generationen, Konflikte; **c** begegnet, Ratschlag, küssen; **d** trennen

2 **b** Geburtsjahr; **c** Heiratsantrag; **d** ausgestellt; **e** gleichberechtigt; **f** Liebling; **g** klasse; **h** Donner; **i** Galerie
Lösung: Bilder einer Ausstellung

3 **b** das Parlament; **c** die Demonstration; **d** die Mehrheit; **e** die Regierung; **f** die Opposition; **g** die Partei; **h** die Demokratie

4 **a** zu machen brauche; **b** brauchst, zu geben, brauchst, zu putzen; **c** musste, aufpassen, mussten, kümmern

5 **b** geht es, Es geht; **c** es regnet, es wird; **d** Es fällt, es ist; **e** Es ist

6 **b** entweder ... oder; **c** weder ... noch; **d** Weder ... noch; **e** zwar ... aber

7 kam bei uns nicht infrage; so oft ich konnte; Es kam mir darauf an; Das kann ich gut verstehen; Ehrlich gesagt; wir uns heute gar nicht mehr vorstellen

8 Nach; Schule; Ausbildung; Mit; Jahren; Sommer; kommt; zur Welt; Ersten Weltkrieg; stirbt

9 **b** Meiner Meinung nach; **c** Unbedingt; **d** Das ist doch Unsinn; **e** Das sehe ich nicht; **f** Ganz meine Meinung

10 d; e

11 freie Lösung

Test Modul 7 *(Lektion 19 – 21)*

1 erholen; Sport treiben; leisten; Campingplätze; umsonst; Landwirtschaft; Übernachtung; Gras; Vieh; dankbar

2 Aussicht; wirt; Stiefel; ausziehen; Dreck; ruhig; verlangt; verunglückte; sinnvoll; Decke; ausgereicht

3 **b** Gebäck; **c** Patienten; **d** Garderobe; **e** Fußgängerzone; **f** Gaststätte; **g** Hallenbäder; **h** Kaufhaus; **i** Parkhaus

4 **b** Je dümmer der Bauer ist, desto größer sind die Kartoffeln. **c** Je höher der Berg ist, desto tiefer ist das Tal. **d** Je länger man lebt, desto älter wird man. **e** Je später der Abend ist, desto schöner sind die Gäste.

5 **b** indem Sie Wasser vor dem Trinken abkochen. **c** indem Sie Sonnenhüte aufsetzen und passende Kleidung tragen. **d** sodass Sie zurück sind, wenn die Hitze am größten ist. **e** sodass Sie sich an das heiße Klima gewöhnen.

6 **b** innerhalb einer Woche; **c** an der Elbe entlang; **d** um die Kirche herum; **e** innerhalb des Parks; **f** außerhalb unserer Sprechzeiten

7 **b** Die Tische sollen sauber gemacht werden. **c** Proviant darf mitgebracht werden. **d** Die Lichter sollen ausgeschaltet werden. **e** Die Fenster müssen geschlossen werden. **f** Die Schlüssel sollen mitgenommen werden.

8 **b** Darf ich Sie etwas fragen? **c** Ich würde Sie gern etwas fragen. Gibt es denn auch ... **d** Ich würde gern wissen

9 kann schon verlangen; Es kommt darauf an, wie man das sieht; Das wäre für mich undenkbar; lehne ich ab; Das finde ich unheimlich wichtig

10 **a** einen Besuch wert, Man findet dort nicht nur ein riesiges kulturelles Angebot, Am meisten beeindruckt hat mich persönlich, im Vergleich; **b** Auf keinen Fall verpassen, keine Sekunde gelangweilt

11 **b** richtig; **c** falsch; **d** falsch; **e** richtig; **f** falsch

12 freie Lösung

Test Modul 8 *(Lektion 22 – 24)*

1 **a** Europäischen Union; **b** fordern; **c** Gegner; **d** Nationalfeiertag; **e** Gewalt

2 **a** Energie, Anbietern; **b** Mobilität; **c** Badewanne, verbraucht; **d** konsum, Stecker

3 **a** klagen, Abgase; **b** Distanz, beschließen, erhöht; **c** Nachfrage, planung

4 **b** wurde nicht jeden Tag frisches Brot gekauft. **c** wurden die Kinder nicht mit dem Auto zur Schule gebracht. **d** sind ältere Menschen nicht ins Altenheim gebracht worden. **e** sind die Kinder nicht 24 Stunden am Tag kontrolliert worden.

5 **b** statt dass Sie mit der Hand abspülen / statt mit der Hand abzuspülen. **c** ohne Wasser zu verschwenden / ohne dass Sie Wasser verschwenden. **d** statt dass Sie ein eigenes Auto kaufen / statt ein eigenes Auto zu kaufen. **e** ohne auf Mobilität zu verzichten / ohne dass Sie auf Mobilität verzichten.

6 **b** damit meine Kinder mit mir spielen können. **c** um einen Mittagsschlaf machen zu können. **d** damit mich die Kollegen regelmäßig besuchen. **e** um auch mal zu Hause arbeiten zu können.

7 **b** sie dringend mit einer Freundin telefonieren müsste. **c** wir noch gar nicht angefangen hätten. **d** er noch nie Geschirr gespült hätte. **d** ich schon drei Stunden gearbeitet hätte.

8 muss sehr beeindruckend; mich schon immer fasziniert; gut vorstellen; war bestimmt; hätte ich gern erlebt

9 Davon halte ich nicht viel; dir da nur zustimmen; Macht dir das nichts aus; spielt keine Rolle; meinetwegen kann jeder das so machen, wie er möchte; Genau

10 besteht kein Zweifel daran; Meiner Überzeugung nach; Sache ist ganz einfach; löst mehrere Probleme auf einmal

11 richtig: a, c, e

12 freie Lösung